AF351410

TECNOLOGÍA E INNOVACIÓN EN PAÍSES EMERGENTES

TECNOLOGÍA E INNOVACIÓN EN PAÍSES EMERGENTES

LA AVENTURA DEL PULQUI II (1947-1960)

Alejandro Artopoulos

Lenguaje|claro
editora

Tecnología e innovación en países emergentes.
La aventura del Pulqui II (1947-1960)
Primera edición, abril de 2012
Segunda edición, abril de 2014

© Alejandro Artopoulos
© Lenguaje claro Editora

Lenguaje claro Editora
Portugal 2951, (B1606EFA) Carapachay,
provincia de Buenos Aires, Argentina
www.lenguajeclaro.com
info@lenguajeclaro.com
En Twitter: @lenguajeclaroed
En Facebook: /lenguajeclaroed

Edición: Gabriela Tenner
Puesta en página: Carla Blanco
Diseño de tapa: Miur

Agradecemos a Daniel Santoro la autorización para reproducir
su obra *Combate aéreo*.

ISBN: 978-987-28747-9-7

Artopoulos, Alejandro
    Tecnología e innovación en países emergentes : la aventura del
Pulqui II 1947-1960 . - 2a ed. - Carapachay : Lenguaje claro Editora,
2014.
    150 p. ; 23x15 cm.

    ISBN 978-987-28747-9-7

    1. Sociología. 2. Historia. 3. Aeronáutica. I. Título
    CDD 387.7

Se terminó de imprimir en el mes de marzo de 2014 en La Imprenta Ya, Av.
Mitre 1761, (B1604AKW) Florida, provincia de Buenos Aires, Argentina.

Hecho el depósito que dispone la ley 11.723.

Impreso en Argentina. *Printed in Argentina.*

A mis hijos, Zoe, Bruno y Matías.
Chicos, este libro es un sueño que se me cumplió.
¡Nunca renuncien a sus sueños! ¡Los quiero mucho!

A mi amor, Débora, por su apoyo
incondicional y su fe en mis proyectos.

Tapa de la revista *Patoruzú,* mayo de 1951.

ÍNDICE

Prólogo a la segunda edición

La historia puede ser testimonio de los tiempos, pero a condición de saber interpretarlos, lo cual no es cosa fácil. Hoy, a los 92 años, como protagonista de episodios mencionados en el libro de Alejandro Artopoulos, *La aventura del Pulqui II*, no tengo menos que felicitarlo por la fidelidad con que relata, con un lenguaje fluido y ameno, los acontecimientos ocurridos durante el desarrollo de los proyectos del Pulqui I y el Pulqui II.

Dada la juventud que tenía en ese momento, participé en ambos proyectos sin darme cuenta de la trascendencia que tendrían. Fue una verdadera aventura que lamentablemente quedó truncada por los vaivenes de la política y la falta, entre nuestros dirigentes, de un verdadero estadista con visión de futuro a largo plazo.

Con los elementos rudimentarios disponibles –en esa época no existían computadoras; solamente una regla de cálculo y un tablero de dibujos–, nos lanzamos con el ingeniero Humberto Ricciardi a proyectar un avión a reacción para batir el récord mundial de velocidad. Aún hoy me asombra la confianza del brigadier San Martín en dos jóvenes ingenieros que, con muy poca experiencia, pero con sólida preparación técnica, encaramos un proyecto de tal envergadura. Proyectamos un avión con un diseño de avanzada que pudo competir con el presentado *a posteriori* por el grupo alemán del profesor Kurt Tank. Enfrentamos al equipo alemán y discutimos mano a mano con sus expertos el diseño definitivo del

Pulqui II. En ningún momento dudamos de nuestra capacidad frente a diseñadores de vasta experiencia. Demostramos que con imaginación y confianza en nosotros mismos, ignorando el prejuicio de que "no se puede hacer", se pueden lograr cosas que parecen imposibles.

El minucioso análisis realizado por Artopoulos evidencia un amplio conocimiento de los acontecimientos históricos y una interpretación, que comparto, sobre lo sucedido con ese proyecto y otros similares que frustraron las esperanzas de grandeza que soñábamos.

No debemos dejar de rendir un homenaje a todos los que participaron en esta aventura, pues se trabajó con gran espíritu de equipo. Hasta el más modesto operario se sintió contagiado de nuestro entusiasmo: estábamos incursionando en un terreno desconocido del que imaginábamos un gran futuro. Todavía hoy comentan con orgullo que alguien de su relación participó en esta gran aventura

Deseo mencionar especialmente al piloto de pruebas del Instituto Aerotécnico, primer teniente Edmundo Weis, que con una maestría y valentía dignos de todo nuestro respeto, piloteó los primeros vuelos de los aviones Pulqui. Era tan precaria la tecnología de esa época que el piloto no usaba casco y vestía ropa de fajina. Las aceleraciones de los nuevos aviones a reacción, soportadas sin ropa apropiada, le ocasionaron serias consecuencias en su físico.

La impresión de una nueva edición del libro evidencia la aceptación del mismo y su difusión me causa una gran satisfacción porque es bueno que las generaciones futuras conozcan nuestra verdadera historia.

NORBERTO LUIS MORCHIO
Ingeniero Mecánico Aeronáutico
Córdoba, febrero de 2014

Presentación | El proyecto Pulqui II como un hecho social

Uno de los objetivos de la investigación que dio lugar a este libro ha sido la intención de poner luz sobre el problema del desarrollo de la tecnología y el origen de la innovación en países emergentes, tema pocas veces tratado por su naturaleza social; antes bien existe mucha literatura económica.

El presente trabajo intenta utilizar la materia histórica para tratar a fondo un caso paradigmático de innovación radical como fue el Pulqui II y compararlo con otros casos como, por ejemplo, el del modelo brasileño Bandeirante, para comprender la naturaleza de su parcial éxito o bien su parcial fracaso, según sea la visión del analista. Se trata de un hecho social y, por lo tanto, el objetivo metodológico primario de la investigación es estudiar sociedades, sistemas, organizaciones y comunidades de práctica tecnológica involucradas en la construcción sociotécnica de la realidad.

Este tratamiento parte del análisis del hecho social como producto de la construcción de la complejidad sociotécnica que, sin descartar las influencias del mundo de la economía y de la política, las integra con la dimensión meso y micro social para la comprensión de la sociedad industrial.

La historia del proyecto Pulqui II muestra cuán cerca se encontraron los tecnólogos que trabajaron en el Instituto Aerotécnico a mediados del siglo pasado de alcanzar la innovación radical y el conocido fenómeno de "salto de rana", por el cual una economía subdesarrollada logra explotar eficazmente una nueva industria tecnológica y así, de un solo salto, alcanza a los países avanzados. Luego, retrasos y postergaciones mediante, este momento casi ingenuo del capitalismo industrial periférico quedó sepultado por la ciclotimia de la decadencia y la recuperación permanente.

El tiempo social de la tecnología, antes que moverse con suaves curvas de tendencias, como señaló Schumpeter, es el producto de fuertes cambios en zigzag, movimientos que estuvieron especialmente presentes en la historia de la Argentina (Roe Smith y Marx, 1994; McCraw, 2006). Un ritmo de tiempo que revela a cada paso, a cada segundo, la posibilidad de reinventar el mundo. No en un sentido creacionista del término, como si se pudiera instantáneamente construir industrias y adquirir *know-how,* sino en el sentido constructivista (Callon, 1986), aquel en el que la racionalidad económica no coloca a los actores en sistemas cerrados de decisión, sino que establece espacios de libertad para que puedan ser parte de nuevas tendencias y sistemas emergentes, constructores de una realidad que, a su vez, modifica la estructura.[1]

---

[1] La noción de "red sociotécnica de actores" es el concepto central de la teoría del actor-red de Michel Callon. Esta aproximación explica que ante una nueva tecnología, el ingeniero o inventor despliega una estrategia para ganar influencia en la sociedad. Se establece como actor social y se transforma en un constructor de una red de actores. Procurando extender la red de actores, los ingenieros intentan (con o sin éxito) moldear la sociedad. Los ingenieros que elaboran una nueva tecnología, así como todos aquellos que participan en el diseño, el desarrollo, la difusión, constantemente construyen hipótesis y formas de argumentación. En un célebre estudio sobre el desarrollo del auto eléctrico en Francia, Callon (1986) muestra que los ingenieros enfrentados por la factibilidad del proyecto debían responder a preguntas del tipo: ¿a dónde va realmente la sociedad francesa en 1973?, ¿cuál es el futuro del auto convencional? Ver también, Law y Callon, 1992.

Es necesario ir al detalle de la historia social para apreciar el fenómeno que siempre queda tapado por los promedios de la historia económica y las interpretaciones de la intencionalidad de los actores de la historia política. Se trata de poner el ojo en la acción de actores sociales que, enfrentando dificultades inabordables, flujos y reflujos de la economía o el poder, dieron respuestas nuevas y posibilitaron la paciente construcción de tecnologías, organizaciones y conocimientos.

En tiempos de una nueva era del capitalismo, de una sociedad cada vez más encarnada por la tecnología, en la era de la información y el conocimiento, es perentorio poner la mirada en las aventuras de las industrias imposibles, sacar provecho de historias fallidas en donde las distancias entre actores y tecnologías eran mayores a las actuales, y lo que es más importante, recordar a nuestros héroes industriales olvidados y, de esa forma, sabernos capaces de estar hoy a la altura de los tiempos.

Introducción | La aventura tecnológica puesta en contexto

En septiembre de 1947, el mayor ingeniero Juan Ignacio San Martín, director del Instituto Aerotécnico con sede en la provincia de Córdoba, decidió iniciar la construcción de un avión a reacción que rompiera el récord de velocidad impuesto por el más veloz de los aviones construidos hasta esa fecha, el caza inglés Gloster Meteor F.Mk 7, que había alcanzado los 991 kilómetros por hora.

"Hace una semana, un Gloster ha batido el récord mundial de velocidad [...]. Ustedes tienen que proyectarme un avión para batir ese récord", les dijo San Martín a dos jóvenes ingenieros del Instituto. Allí, Norberto Morchio y Humberto Ricciardi habían participado recientemente en el desarrollo del proyecto y la construcción del prototipo Ae. 27 (luego conocido como Pulqui I), a cargo del francés Émile Dewoitine, y tenían la experiencia para implementar un diseño a la altura de los conocimientos aerodinámicos de la época.

No hubo especificaciones detalladas emitidas desde el Ministerio de Aeronáutica, como era el procedimiento de rigor en las industrias estadounidense, inglesa o alemana. Tal ministerio simplemente no existía en la Argentina. San Martín era la máxima autoridad de su área y ni siquiera medió una orden del presidente de la Nación, el general Juan Domingo Perón.

La empresa que proponía San Martín era ambiciosa, pero había razones para creer que su realización era posible:

- La disponibilidad de cinco motores Rolls-Royce Nene II –adquiridos por el gobierno gracias a la, por entonces, posición privilegiada de la Argentina como acreedora de Inglaterra– facilitaba el acceso a la última tecnología de motores *jet*.
- La llegada a la Argentina, como parte del plan peronista de captación de científicos y técnicos de la Alemania vencida, de Kurt Tank, destacado ingeniero aeronáutico y piloto de pruebas, responsable del diseño del Ta-183, al que se considera precursor de la llamada "segunda generación" de aviones *jet* y el antecedente de referencia para el Pulqui II.
- El acceso a información actualizada sobre el estado de la investigación en aerodinámica, fruto de una adecuada vigilancia tecnológica realizada desde el Instituto Aerotécnico, donde se concentraba la formación de cuadros de expertos y la gestión de la tecnología.
- Una fábrica de aviones y motores de avión madura, que entre 1943 y 1947 había multiplicado su capacidad de producción con la realización de dos series de más de cien aviones, algo inédito en Sudamérica.
- Un circuito de proveedores externos que, gracias a la estrategia de desarrollo implementada por San Martín, se encargaba de suministrar determinadas piezas.
- Un equipo de pilotos de la Fuerza Aérea Argentina bien entrenados, que serían los principales usuarios del Pulqui II.

Disponer de estos recursos básicos y las divisas necesarias implicaba contar con el apoyo político del presidente Perón, por entonces convencido de la inminencia de una tercera guerra mundial, y de la cúpula de la Fuerza Aérea Argentina. Así fue durante los tres primeros años del peronismo en el poder, período en el que el ingeniero San Martín tuvo plenas facultades que derivaron en proyectos como el DL 22 y el Pulqui I, ambos antecedentes fundamentales del Pulqui II.

El Pulqui II fue un proyecto de avión caza desarrollado en la Argentina entre los años 1949 y 1960. El I. Ae. 33 −según la nomenclatura de los modelos aeronáuticos diseñados en el Instituto Aerotécnico de Córdoba− le dio al país la oportunidad de formar parte de la carrera que varias naciones corrieron por el dominio de una nueva tecnología de punta, los aviones propulsados por motores *jet*.

Estos motores, que alcanzan el poder necesario para llegar a velocidades cercanas a los mil kilómetros por hora, ya no necesitan pistones ni bielas: manipulan gases comprimiéndolos y expandiéndolos, y como yudocas mecánicos se apoyan en la fuerza de su naturaleza para lograr un empuje inesperado. La fuerza contenida en el aire y animada por los cambios de temperatura se denomina *jet:* chorro de aire.

La nueva generación de aviones significó un salto paradigmático que revolucionó la guerra aérea primero y luego el transporte aéreo. Fue una de las tecnologías que, junto con las telecomunicaciones y la informática, hicieron posible la "aldea global", al reducir diez veces los tiempos de viaje.

La competencia por el avión más rápido del mundo y capaz de combatir a más de diez mil pies de altura enfrentó en forma directa a las potencias emergentes de la Segunda Guerra Mundial, Estados Unidos y la Unión

Soviética. El North American F-86 Sabre y el MiG-15 soviético fueron concebidos a finales de la década de 1940, apenas en el comienzo de la llamada Guerra Fría. Otras potencias afectadas por la guerra, como Inglaterra y Francia, también participaron en el desarrollo de la última tecnología aeronáutica, con los competentes Hacker y Mystere, respectivamente. Y, por último, lo hicieron países sin una tradición reconocida, como Suecia, con el SAAB Tunnan, y la Argentina, con el Pulqui II. Todos los modelos reunieron características similares, de caza de ataque monoplaza con ala en flecha,[1] pero cada uno de ellos tuvo sus propios rasgos de diseño.

El caza argentino fue diseñado con la intención de reemplazar el Gloster Meteor IV, exponente inglés de la primera generación de cazas *jet*, en servicio en la Fuerza Aérea Argentina desde 1947. Como pocas veces en la historia de la Argentina y de otros países consumidores y adaptadores de tecnologías extranjeras, se experimentó y desarrolló una innovación tecnológica radical. De construcción totalmente metálica, ala alta con flecha de cuarenta grados y diedro negativo, el Pulqui II fue uno de los diseños más avanzados de su época. Los éxitos que alcanzó el proyecto, aunque parciales, fueron notables. Los vuelos de los prototipos lograron récords de velocidad y altitud, y demostraron estar a la altura del Sabre y el MiG-15.

Entre 1950 y 1959, se construyeron cinco prototipos. El segundo de ellos fue el primero en volar, el 16 de junio de 1950, con el capitán Edmundo Weiss como piloto de pruebas. El primer prototipo se utilizó para ensayos estáticos hasta su destrucción y el último

---

[1] El ala en flecha es un perfil de ala con inclinación visible (hacia delante o hacia atrás). Esta inclinación permite que el viento impacte en una menor superficie del borde de ataque (la parte delantera del ala) y, por lo tanto, ofrece menos resistencia al viento en altas velocidades.

voló por primera vez el 18 de septiembre de 1959, con el teniente Roberto Starc como piloto de pruebas. Sucesivas modificaciones fueron introducidas en los prototipos, hasta llegar al quinto y último, que se exhibe actualmente en el Museo Nacional de Aeronáutica, en Morón, provincia de Buenos Aires.

Pero, a pesar de los esfuerzos de los diversos actores involucrados, nunca llegó a desplegarse el valor industrial de los prototipos. El proyecto no alcanzó la etapa de producción y la innovación no se pudo consumar. La Argentina había perdido la posibilidad de lograr la producción en serie de un avión a reacción, fuera civil o militar.

Este fracaso, que podría haber sido desestimado dada la inmadurez industrial del país en ese momento, se puso en evidencia durante la última década del siglo veinte. Mientras la administración de Carlos Menem licenciaba la Fábrica Militar de Aviones de Córdoba a la corporación multinacional Lockheed, que la redujo a una factoría de importancia menor dentro de la industria, Brasil se convertía en el tercer productor mundial de aviones a reacción de uso civil. Con las ventas de estos aparatos, el país vecino llegó a superar las divisas ingresadas por la exportación de café, alcanzando también la producción de uno de los bienes exportables de mayor valor agregado en toda América Latina.

En las páginas que siguen se presenta la historia del Pulqui II intentando responder algunas preguntas simples, como por qué nunca pudo alcanzar la producción en serie y qué justifica que se ensaye un prototipo durante diez años sin que se decida construirlo o abandonarlo.

Para ello, en los capítulos 1 a 3 se sigue la lógica historiográfica propia del caso de estudio. Se consideran allí también diferentes dimensiones del desarrollo del proyecto, como los problemas técnicos, en especial los derivados del diseño en flecha; los problemas organizacionales, como el enfrentamiento entre pilotos y técnicos argentinos y alemanes; los problemas industriales causados por el escalamiento de la producción, como, por ejemplo, los referidos a la provisión de insumos importados, y los roles de los *emprendedores tecnológicos*, como el alemán Kurt Tank y el argentino Juan Ignacio San Martín. En el capítulo 4 se pone en perspectiva el caso de la innovación exitosa de la empresa brasileña Embraer, con su modelo Bandeirante, y se establecen puntos de comparación con la experiencia argentina. En los Epílogos se encontrarán las conclusiones y, por último, en los Anexos, "Aspectos relevantes para la investigación" –donde se desarrolla una serie de conceptos base para la presente propuesta de análisis del caso– y un "Complemento gráfico" de enorme interés para estudiosos y admiradores del Pulqui II.

1 | Idas y venidas de un proyecto de industria aeronáutica nacional

Los inicios de la aviación militar en la Argentina

Uno de los principales impulsores de la aeronavegación en la Argentina fue el ingeniero Jorge Newbery. Gracias, en parte, a sus gestiones, el Aero Club Argentino puso a disposición del Ministerio de Guerra la totalidad de su parque aerostático, lo que permitió que el 10 de agosto de 1912 el presidente de la Nación Roque Sáenz Peña creara la Escuela Militar de Aviación, primer ensayo de una fuerza aérea militar en Sudamérica.

Entrados los años veinte, la aviación militar argentina estaba concentrada en el Servicio de Aeronáutica del Ejército, a cargo del coronel Enrique Mosconi. A fines de 1922, la repartición intentó organizar recorridos aéreos que unieran la base de El Palomar, provincia de Buenos Aires, con determinados puntos de las fronteras nacionales, como un acto de reafirmación de la soberanía. El objetivo falló, porque la West India Oil Company negó la provisión del combustible necesario. Ese mismo año, el presidente Hipólito Yrigoyen suprimió la Dirección General de Explotación del Petróleo de Comodoro Rivadavia y en su reemplazo creó la Dirección General de Yacimientos Petrolíferos Fiscales (YPF). Unos meses después, el nuevo presidente de la Nación, Marcelo Torcuato de Alvear, encumbró como director del organismo a Mosconi.

La lógica de defensa nacional de Mosconi tenía como correlato la necesidad de disponer de una industria militar propia que evitara el condicionamiento que significaba depender de insumos extranjeros. El momento histórico era sumamente propicio para la Argentina: Europa venía de desangrarse en la Gran Guerra y estaban dados los presupuestos para emprender un desarrollo industrial y tecnológico de proporciones. Uno de los puntales sería la industria bélica, con su base de industria pesada. Se acuñó entonces el concepto de "movilización industrial", promovido por el general Manuel Savio, diseñador y estratega de la política de autoabastecimiento del acero en el país (Echagüe, 1999).

El 10 de octubre de 1927 se inauguró en Córdoba la Fábrica Militar de Aviones (FMA), cuyo artífice y primer director fue el ingeniero Francisco de Arteaga, formado en ciencias aeronáuticas en Francia. La decisión de ubicar la fábrica en la provincia mediterránea respondía a cuestiones de defensa militar: en ese momento, con la autonomía y la capacidad de carga de los aviones disponibles, Córdoba era el lugar más alejado de Brasil y Chile, potenciales enemigos.[1]

La FMA produjo sus primeros aviones en 1928, bajo licencias francesas o inglesas. Así se armaron unidades del inglés Avro Gosport 504 FMA, un avión básico de entrenamiento, y del caza francés Dewoitine D-21 C.1, con motor Lorraine-Dietrich, el primer avión metálico construido en la Argentina. Iniciada la década de 1930 se manufacturaron aviones bajo licencia alemana. Estos trabajos fueron fundamentales para incorporar tecnologías y herramientas, así como nuevos procedimientos de fabricación y tratamiento de materiales, como el acero y las aleaciones de aluminio. Suponían también

---

[1] En 1941 se fundaba el Instituto Tecnológico de Aeronáutica (ITA) en Brasil.

el intercambio de técnicos argentinos con Alemania, Inglaterra, Francia y Estados Unidos (Taravella, 1982).

Durante el período 1930-1936 se consolidó el diseño y la producción nacional. El 15 de mayo de 1930 asumió la dirección de la FMA el mayor Bartolomé de la Colina, quien orientó su gestión al desarrollo de competencias avanzadas, dando paso a una política de fabricación con diseños propios. Los aviones se equiparon con motores ingleses (Armstrong-Siddeley Mongoose), norteamericanos (Wright-Whirlwind) y franceses (Lorraine-Dietrich). La llegada de De la Colina, ingeniero aeronáutico diplomado en Francia, significaba un cambio político de fondo, pues se trataba de un conspicuo nacionalista que venía a reemplazar a un representante de las ideas liberales. Años después, De la Colina ocuparía un lugar relevante en el primer gabinete de Perón.

La Fábrica comenzó a incursionar también en aparatos de uso civil para entrenamiento, paseo y transporte. El 28 de octubre de 1931 se produjo el primer vuelo de ensayo del Ae. C.1, aeronave de turismo concebida y construida enteramente en la Argentina, equipada con un motor Mongoose de 150 hp[2] (Taravella, 1982). El 28 de junio de 1932 se presentaron ante el presidente Agustín P. Justo los prototipos Ae. C.1 y Ae. C.2, diseñados y construidos por ingenieros de la FMA en la Base Aérea de El Palomar. El Ae. C.2, bautizado con el nombre de *Tenga Confianza*, fue propulsado por un motor Wright Whirlwind de 165 hp.

El 19 de junio de 1933, el teniente primero Luis Garramendy, al mando de *Tenga Confianza*, emprendió el

---

[2] El caballo de potencia, mal llamado "caballo de fuerza", es una unidad de potencia utilizada en el sistema anglosajón de unidades. Se denota hp o HP o Hp, del término inglés *horsepower*, expresión que fue acuñada por James Watt en 1782. (Fuente: Wikipedia, http://es.wikipedia.org/wiki/Caballo_de_potencia; fecha de consulta: 10 de octubre de 2011.)

raid Buenos Aires-Río de Janeiro-Buenos Aires, en lo que fue la primera demostración de una máquina argentina en el exterior. Recorrió tres mil kilómetros en 21 horas y 37 minutos. Poco después, el coronel Ángel M. Zuloaga encabezó el primer vuelo internacional de una escuadrilla argentina, la histórica *Sol de Mayo*, integrada por diez aeronaves, nueve de ellas de diseño y construcción nacional. Cubrió la ruta Buenos Aires-Río de Janeiro-Buenos Aires, con escalas intermedias (Taravella, 1982).

A principios de 1934 comenzaron las tareas de las Líneas Experimentales de Transportes, con el objetivo de cubrir la ruta Buenos Aires-Córdoba para pasajeros, correo y carga menor. Se destinaron tres Ae. T.1 para cumplir estos servicios.

El Ae. T.1 poseía características de avanzada para la época. Estaba motorizado por un Lorraine-Dietrich 12Eb, de 450 hp con cilindros en W, refrigerado por agua. Giraba una hélice bipala metálica Reed de paso fijo y estaba provisto de equipamiento de radio para comunicaciones. Fue el tercer aparato que se diseñó localmente y el primero de características comerciales (Ferreti y Giró, 1962).

Los proyectos de diseño local significaron un ejercicio de transferencia de tecnología y de aplicación de conocimientos de muchos técnicos e ingenieros argentinos que se formaron en el exterior. Si bien los aviones nacionales de esos tiempos no se destacaron por la masividad de sus series, fueron proyectos que le dieron a la FMA una base técnica (que sirvió para la capacitación de cuadros de distintos niveles) y constituyeron una nítida evolución hacia la profesionalización en aspectos tales como la seguridad en vuelo y los parámetros de diseño.

Otro punto destacado de esa etapa fue la instalación del primer túnel de viento de América Latina, con tecnología Eiffel, licenciado por el laboratorio Auteuil de París. La construcción del túnel, entre 1927 y 1928, fue un indicador del refinamiento tecnológico que adquirían la FMA y su comunidad de expertos y tecnólogos.

Pero los aires nacionalistas que soplaban en la FMA no eran del agrado de los sectores más liberales de las Fuerzas Armadas. A mediados de la década de 1930, un movimiento de opinión liderado por el ingeniero Julio Noble se opuso a la fabricación de aviones de diseño local. El más atacado era el Ae. T.1. El movimiento tuvo éxito y en 1936, con el cambio de autoridades de la FMA, se dejaron de construir aviones nacionales, se retiró al Ae. T.1 de la línea aérea y se volvieron a armar aviones bajo licencia. No se conservó ninguno de los aparatos de diseño nacional construidos durante el período 1930-1936.

A pesar de la falta de una política que justificara las inversiones en términos de aprendizaje y transferencia de tecnología, la FMA continuó con su trabajo y produjo bajo licencia alemana cien Focke-Wulf 44-J, un avión de entrenamiento y acrobacia, con sus correspondientes motores Siemens Bramo. También aparecieron veinte unidades de Curtiss Hawk 75-0, un caza construido bajo licencia de la Curtiss Wright Corporation de Estados Unidos. La fabricación de este modelo debió suspenderse por la falta de insumos causada por la Segunda Guerra Mundial.

En 1941 se creó la Dirección General de Fabricaciones Militares. Bajo la conducción del general Manuel Savio, se puso en funcionamiento media docena de pequeñas fábricas de armas y la asociación con capitales privados permitió constituir una serie de compañías mixtas en los campos minero, químico y metalúrgico. La FMA dependió entre 1941 y 1943 de esta Dirección, hasta que los avatares políticos de la Nación y el avance de la Fuerza Aérea como arma independiente la llevaron a recuperar su autonomía.

En 1943, el golpe de Estado encabezado por el Grupo de Oficiales Unidos (GOU) puso fin a más de una década de dominio conservador en la Argentina. Estos oficiales, entre los que se encontraba Juan Domingo Perón, eran intransigentes en su neutralidad frente al conflicto bélico mundial y entre ellos gozaba de un amplio consenso la meta de un desarrollo industrial, incluida una industria armamentista netamente nacional.

Entre 1936 y 1943, la FMA había caído en un punto muerto de política y de gestión que no le permitió destacarse ni por su inventiva ni por su capacidad productiva, más allá de que estaba instalada a la vanguardia de la industria aeronáutica de Sudamérica. Ninguno de sus directores se mantuvo demasiado tiempo en su cargo y, en muchos casos, no tuvieron tampoco el compromiso ni el conocimiento necesarios para manejar una fábrica de ese porte. Sin continuidad en la gestión, la Fábrica se fue convirtiendo poco a poco en un organismo anodino y acosado por la burocracia. La inestabilidad llegó a su fin con la puesta en marcha del Instituto Aerotécnico.

San Martín y el Instituto Aerotécnico

El Instituto Aerotécnico, creado el 20 de octubre de 1943, apenas cuatro meses después de la llegada a la presidencia de la Nación del general Pedro Ramírez, imprimió una nueva dirección a la FMA, de acuerdo con la política de rearme de las fuerzas armadas: la imposibilidad de acceso al aprovisionamiento mediante la importación obligaba a redoblar las tareas de producción local (Frenkel, 1992).

Su director, Juan Ignacio San Martín, formaba parte de los círculos afines al nuevo régimen. Porteño y formado en el Colegio Nacional Mariano Moreno, egresó del Colegio Militar en el invierno de 1924. Luego de completar los estudios de ingeniero militar en la Escuela Superior Técnica culminó su formación en el Real Instituto Politécnico de Torino, Italia, donde se graduó como doctor en Ingeniería Industrial y en Ingeniería Aeronáutica. Técnico competente y creativo, San Martín pronto se destacó como un buen gestor y motivador (Frenkel, 1992).

La Fuerza Aérea Argentina, formalmente creada en 1945, recibió el buen trato de las administraciones del régimen de 1943 y los dos períodos peronistas subsiguientes. En particular, es el propio Perón quien se ocupó de impulsar la creación de la Fuerza y la modernización de su equipamiento. Con este apoyo, San Martín encaró la construcción local más importante que registre la historia de la industria aeronáutica en la Argentina: a partir de 1943, fabricó doscientos aviones de entrenamiento DL 22 y cien cazabombarderos Calquín.

Con la red de poder desplegada, San Martín impuso los criterios y argumentos necesarios para la formación de un sistema tecnológico moderno que sirviera a los principios de la "movilización industrial". Por entonces, la industria aeronáutica reservaba al Estado las funciones de organización, manejo y dirección de la tecnología, y delegaba en la industria privada la construcción y fabricación. San Martín no sólo se proponía suplir las carencias en el abastecimiento de armamentos producto de la conflagración mundial y ante la situación geopolítica de la Argentina en el sur del continente. También se planteaba la necesidad de promover la industria local, de capacitarla para que produjera cada vez más bienes industrializados complejos, y de desarrollar el mercado doméstico de la aviación civil. Para ello, consideraba tres objetivos innovadores: conformar en el Instituto Aerotécnico un núcleo de creación de conocimiento con capacidades de testeo y conexiones con la formación técnica y universitaria aeronáutica, aumentando el trabajo de la sección de investigación y desarrollo; desarrollar materiales locales y adaptarlos a las tecnologías existentes; desarrollar una red de proveedores y promover la creación de industrias.

La Escuela Superior de Ingeniería Aeronáutica creada en Córdoba en 1947 y la de La Plata fueron las únicas existentes en esa época para la formación de ingenieros aeronáuticos en América Latina. San Martín se ocupó de interesar a profesores y técnicos italianos después de la guerra, en particular del instituto de Torino. De hecho, el cuerpo de profesores de la Escuela Superior de Ingeniería Aeronáutica se conformó por un núcleo de especialistas italianos, profesores argentinos y algunos alemanes que arribaron al país entre 1948 y 1949. Luego, muchos de estos profesores pasaron a la Facultad de Ingeniería de Córdoba, desencadenando un proceso de difusión que excedió lo estrictamente tecnológico aeronáutico.

Con San Martín, no sólo se volvió a la fabricación de aviones de diseño propio, sino que, por primera vez, se planificaron nuevas tecnologías que permitieron sortear los problemas de abastecimiento de insumos críticos de aviación durante el período bélico y posbélico mediante el desarrollo de materiales y proveedores locales.

Aleaciones de aluminio, maderas aeronáuticas y partes de motores radiales fueron producidas por empresas domésticas (Frenkel, 1992). El perfeccionamiento de la fundición y forja de aleaciones de aluminio se incorporó como una nueva tecnología de la época. La elaboración de madera compensada de uso aeronáutico fue necesaria para la fabricación de estructuras de revestimientos resistentes y de palas de hélices. La fabricación de accesorios y partes de motores —magnetos, bombas de combustible, carburadores, bujías, etcétera— también se relacionaba con la creciente necesidad de reducir las importaciones de aeropartes.

No se trató de estar en la frontera del conocimiento tecnológico para batir récords y mejorar rendimientos, sino de dominar las tecnologías alternativas de la época para resolver problemas críticos de la producción masiva de aviones de motor a pistón. En el corazón de esta estrategia se encontraba la decisión de dominar el área más difícil del sistema tecnológico aeronáutico de la época: la fabricación de motores. Hasta ese momento sólo se habían armado motores con partes importadas.

En la década de 1930, todos los componentes se hacían dentro de la FMA. Con el DL 22 se inició una nueva práctica de desarrollo de pequeñas y medianas empresas metalmecánicas y de sectores relacionados con la actividad aeronáutica. No fue una tarea menor, ya que las empresas establecidas desconfiaban de "aventuras" industriales de la envergadura que proponía el proyecto DL y muchas no aceptaron ni empezar a participar.

El DL 22 fue la expresión más acabada de la nueva dirección que el ingeniero San Martín le imprimió a la FMA. Fue el avión de diseño nacional que se produjo en mayor cantidad en toda la historia de la fábrica nacional de aviones: doscientas unidades de un modelo que, sin rivalizar con los mejores del mundo, cumplía con características de vuelo estándar y cubría las necesidades locales.

Los trabajos de diseño del I.Ae. 22 DL se iniciaron con la reelaboración del proyecto del FMA 21, un derivado del North American Texan (NA-16), el entrenador a hélice más utilizado en el mundo en esa época y del que la Argentina había adquirido treinta unidades en 1937. Se intentaba hacer una nueva versión "todo madera", en reemplazo del fuselaje y las palas de las hélices metálicos. En el Laboratorio de Ensayos de Materiales de la FMA se probaron, clasificaron y normalizaron las maderas nacionales y los pegamentos que podían ser utilizados.[3] Entre las maderas se destacaban el pino Spruce, el cedro, el fresno y el nogal (Frenkel, 1992).

El prototipo del DL fue construido en setenta días y efectuó su primer vuelo el 17 de mayo de 1944. Al año siguiente comenzó la fabricación de la serie de doscientos aviones que culminó en 1948.

El mayor problema tecnológico del DL fue resolver la existencia de motores radiales similares a los que disponían los Texan. En el momento de la compra de los NA-16, el fabricante no había podido asegurar la provisión de repuestos por la demanda que le exigía el inminente ingreso de Estados Unidos en la guerra. Se acordó entonces que cedería a la FMA, en forma gratuita, una licencia parcial para la fabricación del motor Wright Whirlwind R-973. Esa información se utilizó para desarrollar el motor El Gaucho, en un proceso que implicó la necesidad de sustituir materiales y elementos, y desarrollar las capacidades de proveedores de las provincias de Córdoba y Buenos Aires

---

[3] Tan crítico era el problema relacionado con los pegamentos que Alemania tuvo que abandonar la producción del Focke-Wulf Ta-154 Moskito cuando la única fábrica que producía los adhesivos resultó destruida en un bombardeo y fallaron todos los sustitutos. En las pruebas de estos sustitutos varios aviones literalmente se despegaban en el aire (Conradis, 1960).

(Taravella, 1982). Los pistones forjados en aluminio se reemplazaron por fundidos en coquilla. Para la puesta a punto del motor nuevo se construyó un monocilindro experimental que fue el primero de Sudamérica.

Una vez que estuvo listo el prototipo y se solucionaron los problemas de fabricación de los diferentes componentes, se invitó a participar a los proveedores externos, por primera vez en la historia de la FMA.[4] En total, 107 empresas, entre medianas y pequeñas, entregaron alrededor de cincuenta componentes: subconjuntos y conjuntos de planeador, motor, trenes de aterrizaje, etcétera.

La suerte de los modelos fabricados en la FMA no fue pareja. Los DL, aviones biplaza de entrenamiento avanzado, con motor de diseño autóctono, robusto y confiable, fueron aparatos muy queridos, en el que se formaron generaciones de aviadores tanto civiles como militares. En cambio, los ejemplares del I. Ae. 24 Calquín –primer bimotor diseñado y construido enteramente en la Argentina, también de construcción de madera contrachapada– se diferenciaban del británico De Havilland Mosquito por la planta motriz radial refrigerada por aire que les daba una apariencia aparatosa, extraña, y por su rendimiento notablemente inferior. Los "Calquines" no gozaron del favor de los pilotos que los utilizaron en las unidades de la Fuerza Aérea Argentina entre 1946 y 1955 como bombardero de ataque, con tripulación de piloto y navegante/bombardero.

Con sus más y sus menos, el proyecto industrial aeronáutico creció en volumen y en autonomía, y llegó a alcanzar la última tecnología de motores *jet* gracias a la provisión de motores británicos y la asistencia de diseñadores de renombre mundial.

---

[4] Ver "Trascendencia histórica del I. Ae. DL 22", Museo de la Industria de Córdoba, papeles de trabajo.

2 | Tecnología *jet*

La primera generación de aviones *jet* y el Pulqui I

El 9 de agosto de 1947, la Argentina se convirtió en el octavo país en disponer de un avión a reacción, diseñado y construido localmente.[1] El prototipo I. Ae. 27 Pulqui era un avión metálico de ala baja que no se destacaba por sus rendimientos. Sin embargo, tuvo la virtud de permitir experimentar en forma temprana con vuelos con motores a reacción y una serie de nuevos dispositivos, como, por ejemplo, el tren de aterrizaje triciclo retráctil.

El Pulqui, que significa "flecha" o "rayo" en araucano, fue ideado en el Instituto Aerotécnico por el diseñador francés Émile Dewoitine, asistido por un equipo de tres ingenieros argentinos: el experimentado Enrique Cardeillac y los novatos Norberto Morchio y Humberto Ricciardi. El trabajo de proyección se inició en junio de 1946.

Dewoitine había colaborado con el régimen de Vichy, durante la Francia ocupada, por lo que, tras la

---

[1] La tabla de posiciones se integra del siguiente modo: 1° Alemania, 27 de agosto de 1938, vuelo del Heinkel He 178; 2° Inglaterra,15 de mayo de 1941, vuelo del Gloster E. 28/39; 3° Estados Unidos, 1 de agosto de 1942, vuelo del Bell XP-59; 4° Japón, 7 de agosto de 1945, vuelo del Nakayima Kikka; 5° Unión Soviética, 24 de abril de 1946, vuelo del Yakovlev Yak-15; 6° Francia, 11 de noviembre de 1946, vuelo del Sud-Ouest SO-6000 Triton; 7° Suecia, 10 de marzo de 1947, vuelo del Saab 21R; 8°, Argentina, 9 de agosto de 1947, vuelo del I.Ae. 27 Pulqui; 9° Canadá, 10 de agosto de 1949, vuelo del Avro C-103; 10° Holanda, 19 de mayo de 1951, vuelo del Fokker F.14.

liberación de París, necesitó buscar un lugar donde seguir con sus proyectos, obviamente fuera de la órbita de los países Aliados. En España tomó contacto con el ingeniero Ambrosio Taravella, a quien conocía desde que la Fábrica Militar de Aviones (FMA) adquiriera la licencia para fabricar el caza Dewoitine D-21, otra de sus creaciones. El francés era un diseñador de aviones con experiencia, antecedentes y formación teórica, pero, además, un empresario al que le importaba la ecuación económica y la organización de la producción. Finalizada la guerra en Europa, había ofrecido el diseño del caza Dewoitine D-21 a España, sin éxito. En la Argentina, el contrato que firmó con el gobierno se agotó en el Pulqui, renombrado luego, por la posterior aparición del Pulqui II, como Pulqui I.

El Pulqui I era un avión convencional adaptado para alojar un motor a reacción –al igual que la mayoría de los primeros cazas operativos–, pero sus características no terminaron de satisfacer, debido a lo limitado de sus rendimientos. Además, las relaciones de Dewoitine con el personal del Instituto Aerotécnico no fueron las mejores, ya que a los profesionales locales no les convencía demasiado su manera de trabajar. Durante el desarrollo del prototipo, Dewoitine trajo como plano apenas un esquema con las líneas exteriores del avión. Con esa base indicaba a los dibujantes lo que tenían que hacer. Pocas veces intervino. Iba al Instituto una o dos horas por día y sólo aportaba contados consejos o ideas. El trabajo de proyección fue básicamente obra de los dibujantes, que por cierto eran muy experimentados. Lo mismo ocurría con los cálculos, a cargo de Morchio, quien con sólo veintiséis años firmó el noventa por ciento de los planos del Pulqui I.

Los primeros aviones a reacción no innovaron en la aerodinámica.[2] Sus alas están a noventa grados o con un muy leve aflechamiento. Sólo fueron un banco de pruebas de la tecnología *jet*. A fines de la Segunda Guerra Mundial, los cazas más veloces eran apenas más rápidos que los aviones que habían alcanzado récords en los años treinta. El motor de pistón había llegado al límite de sus posibilidades y, si se quería progresar en el campo de la velocidad, debía confiarse en los nuevos turborreactores y motores cohete.

Desde la Primera Guerra, la mejora del rendimiento de los motores a pistón se buscó mediante mayores ratios de compresión, mejoras en los materiales y en el diseño de las válvulas (enfriamiento interno), y nuevas técnicas constructivas como la estructura monobloque.

Muchas configuraciones cilíndricas fueron probadas y una, la radial refrigerada por aire, demostró ser especialmente exitosa. Éste fue el motor a pistón que quedó como estándar tanto para los aviones de combate como para los comerciales.

La segunda generación de aviones *jet*

Para Constant (1980), los presupuestos de la aerodinámica avanzada más las posibles eficiencias de la turbina de gas como antecedente tecnológico llevaron a la aparición de una comunidad dedicada al desarrollo de una nueva tecnología: el motor turborreactor. Sociológicamente hablando, este grupo se encontraba

---

[2] La mayor parte de la información aquí referida sobre la historia mundial de la aeronavegación se ha tomado de *Enciclopedia de la aviación*, 1982, Barcelona: Delta.

en la periferia de la élite de constructores de motores convencionales.

Los motores turborreactores aportaron la tecnología crítica para desarrollar los cazas transónicos. También llamados *motores a reacción* o *turbinas de gas*, hoy son utilizados por la mayoría de los aviones civiles y militares. Funcionan quemando continuamente una mezcla de aire y combustible en una cámara de combustión. Un compresor fuerza el aire a entrar en la cámara, desde donde, luego de transformado en un chorro de aire caliente, es expulsado a través de una tobera para producir una fuerza de empuje. El aire caliente también hace girar las álabes de la turbina que retroalimentan las de un compresor de aire.

Para 1947, la Argentina disponía de la última tecnología en motores turborreactores gracias a la adquisición de una partida Rolls-Royce Nene, de 2.268 kilogramos de empuje.

El Proyecto Pulqui II no hubiera sido posible sin la posición privilegiada de la Argentina frente a Inglaterra en el período inmediato a la finalización de la Segunda Guerra Mundial. Debido a las deudas que el Reino Unido había acumulado durante el conflicto bélico, el país en el cual se había inventado el motor turborreactor necesitaba imperiosamente liquidar sus acreencias en especies. Como consecuencia de ello, cedió materiales de alta tecnología, como los motores Rolls-Royce Nene II a Estados Unidos, la Argentina y la Unión Soviética.

El motor a reacción de la potencia del Nene abría las puertas al diseño y la construcción de aviones transónicos. Estos aviones formaban parte de la segunda generación de aparatos caza y estaban caracterizados por las alas en flecha.

Si bien durante la Segunda Guerra Mundial la superioridad alemana en el desarrollo de motores a reacción y el conocimiento aerodinámico para el diseño de aviones de alto rendimiento, las dos tecnologías clave para la segunda generación de cazas a reacción, había sido abrumadora, luego de finalizado el conflicto, el liderazgo estuvo por poco tiempo en manos de los británicos. Como consecuencia de ello, había dos trayectorias tecnológicas. La líder, alemana, y la seguidora, inglesa. Los aviones operativos de la primera generación de cazas a reacción tuvieron mucho mejores rendimientos, pero no distaron de los prototipos en cuanto a sus características aerodinámicas. Ni el Me 262, ni el Gloster Meteor tuvieron alas en flecha pronunciadas. Si bien el primero tenía una modesta flecha, la potencia de sus motores no permitía arriesgarse más.

El modelo alemán

El Messerschmitt (Me) 262 fue una revolución en la tecnología aeronáutica. El primer caza operacional a reacción tuvo prestaciones formidables y es el antecedente obligado para todos los cazas de la primera generación, como el prototipo Pulqui I, y por supuesto para los de la segunda generación con alas en flecha. Tras un desarrollo de cuatro años, entró en combate a principios del verano de 1944.

Su diseño tuvo una modesta flecha de 18,5 grados del borde de ataque (la parte delantera del ala), mientras el Gloster y otros cazas de la primera generación a reacción disponían de alas en ángulo recto. Lograba así la velocidad máxima de 868 kilómetros por hora, algo revolucionario si se considera que uno de los aviones aliados a pistón más rápidos, el Hawker Tempest, alcanzaba una velocidad máxima de 700 kilómetros por hora. Pero como se temían los efectos de la flecha sobre la estabilidad y el control del avión no se intentó mayor aflechamiento.

El modelo inglés

Los británicos optaron por una concepción mucho más conservadora para poner a prueba los motores a reacción en aviones operativos. El Gloster G.41 Meteor fue el único avión a reacción aliado que entró en combate durante la Segunda Guerra Mundial y colocó a la fuerza aérea inglesa (Royal Air Force, RAF) a la vanguardia de la aviación caza de su tiempo. Su primera salida en misión operativa tuvo lugar el 27 de julio de 1945. Quedó opacado en la Guerra de Corea por los modelos norteamericano Sabre F-86 y ruso MiG-15.

La Argentina recibió, como pago por la deuda que Gran Bretaña tenía con el país luego de la Segunda Guerra, aviones a reacción Gloster Meteor y los grandes bombarderos Avro Lincoln y Lancaster, con los que la Fuerza Aérea Argentina se modernizó y se convirtió en la primera de América Latina en poseer aparatos a reacción.

Sin embargo, a finales de 1947, el Meteor parecía incapaz de mantener por mucho tiempo su primacía sobre los nuevos cazas que iban apareciendo. Además, entre 1946 y 1948, motivos políticos y económicos condujeron a una disminución del esfuerzo en la investigación aeronáutica y la mejora del equipamiento de caza de la RAF se detuvo, de modo que no quedó otro remedio que conservar en estado operacional a los Gloster Meteor y De Havilland Vampire hasta los años cincuenta.

El advenimiento del desarrollo de los motores a reacción (turborreactores y cohetes) abrió repentinamente nuevas expectativas en el campo del vuelo a alta velocidad cercano a los mil kilómetros horarios, que hasta entonces había quedado limitado por el rendimiento de los motores de pistón y las hélices primero, y al empuje acotado de los primeros y rudimentarios motores *jet*.

El ala en flecha

El motor a reacción precedió al desarrollo del ala en flecha y fue la innovación que posibilitó la aparición de la nueva generación de aeroplanos.

Los aviones a hélice comenzaban a encontrarse con un problema completamente nuevo y de difícil solución en el curso de los vuelos en picada a alta velocidad: el avión sufría el fenómeno llamado *bataneo*, una marcada tendencia al cabeceo, pérdida de control de los alerones y, en algunos casos, absoluta falta de dominio del avión y fallas estructurales fatales (Morchio y Ricciardi, 1999).

Ya en 1933, el ingeniero aeroespacial Adolf Busemann había desarrollado en la Universidad de Göttingen perfiles alares delgados, necesarios para altas velocidades, pues permiten demorar el aumento de la resistencia. Estos estudios se continuaron en varias universidades alemanas mediante la utilización de motores cohete y en 1939, Albert Betz, también de la Universidad de Göttingen, demostró el beneficio de utilizar alas en flecha para demorar el comienzo de lo que empezaba a ser conocido como *barrera del sonido*, el efecto de compresibilidad que ocurre cuando el flujo aerodinámico alcanza la velocidad del sonido en alguna de las áreas del ala. Este efecto provocaba un muy rápido aumento de la resistencia aerodinámica, separación del flujo y una oscilación irregular (flameo), anulando la efectividad de la sustentación brindada por las alas rectas (Morchio y Ricciardi, 1999).

Si un avión volaba en un régimen subsónico tan elevado, el flujo sobre la raíz del ala alcanzaba la velocidad del sonido (debido a la curvatura del borde delantero, o borde de ataque), el aire se deslizaba en esa zona a mayor velocidad que en el resto del perfil, provocando una diferencia de presiones con respecto a la velocidad en el otro extremo del ala y una fuerza hacia arriba.

La sustentación que permite que el avión se eleve genera una fuerte discontinuidad en los valores de la presión, a lo que se denomina *ondas de choque*, provocando una brusca ruptura del flujo sobre la superficie del avión, que a su vez causa, por ejemplo, violentas vibraciones en las superficies de control y una repentina disminución de la efectividad de los mandos.

En 1945 no se tenían grandes conocimientos sobre la región transónica. Ya se había estudiado el vuelo supersónico, pero siempre en pequeños túneles aerodinámicos y en función de balas y proyectiles de artillería, cuando el problema inmediato y crucial residía en el régimen transónico, entre los números de Mach 0,7 y 1,2.[3]

Los aviones tradicionales, con alas de perfil grueso, se encontraban con el problema de la compresibilidad a velocidades relativamente bajas, pues a números Mach como 0,7 o 0,75, el aire era obligado a acelerar sobre el borde curvo de ataque hasta alcanzar fácilmente la velocidad del sonido, con las consecuencias mencionadas.

Resultaba evidente que los cazas y otros aviones de elevada velocidad debían diseñarse en un futuro

---

[3] El número de Mach es una medida de velocidad relativa que se define como el cociente entre la velocidad de un objeto y la velocidad del sonido en el medio en que se mueve dicho objeto. (Fuente: Wikipedia. La enciclopedia libre: http://es.wikipedia.org/wiki/Numero_Mach; fecha de consulta: 10 de octubre de 2011.)

inmediato según patrones radicalmente nuevos, con estructuras más sólidas, cabinas presurizadas y asientos eyectables. Los alemanes, que llevaban la delantera en el desarrollo del ala en flecha hacia el fin de la Segunda Guerra Mundial, no fueron, sin embargo, muy radicales en la aplicación del concepto. De hecho, gran parte de los aviones que se diseñaron entonces ni siquiera continuaban las líneas del Me 262, todos tenían alas rectas, como el Gloster Meteor, el Hawker Sea Hawk y el Supermarine Attacker (británicos), y el Thunderjet F-84, F-80 y el North American XF 86 (norteamericanos).

El mayor esfuerzo debía concentrarse en la manera de superar el régimen transónico, sobre el que se sabía realmente muy poco. Era imposible construir modelos a escala y evaluarlos en túneles de viento, debido a que aquellos disponibles se "ahogaban" al aproximarse a Mach 1 (las ondas de choque reflejadas por las paredes del túnel bloqueaban el flujo de aire). La única forma de averiguar qué sucedía entre Mach 0,8 y 1,2 era construyendo aviones de investigación.

3 | El Pulqui II: origen, apogeo y decadencia de un proyecto de innovación tecnológica durante el peronismo

Antecedentes: los mejores
jet fighters de la época

Toda la experiencia industrial argentina distaba mucho de poder alcanzar la capacidad experimental de las potencias y los conocimientos del estado del arte de la tecnología aeronáutica de su tiempo. Si bien el país tenía una relativa facilidad para acceder a la última tecnología de motores, no poseía el *know-how* maduro de una comunidad de diseñadores de aviones de alto rendimiento.

Las comunidades tecnológicas del mundo resultaron impactadas por el cambio radical impuesto por los conocimientos alemanes. Los resultados fueron variables pero consistentes. Entre ellos se encontró el Pulqui II. Pero antes de que tomara cuerpo el proyecto argentino ya se habían lanzado otros, como el Sabre en Estados Unidos, el Tunnan en Suecia, y el MiG-15 en la Unión Soviética.

La North American Aviation tenía en su haber una corta historia empresaria, que incluía, sin embargo, el logro de uno de los diseños mejor considerados entre los cazas de la Segunda Guerra Mundial, el P-51 Mustang. Los cuatro jóvenes ingenieros que la dirigían habían iniciado el desarrollo del heredero del Mustang con motor *jet*, el Sabre F-86, cuando se enfrentaron a la realidad de las investigaciones aerodinámicas alemanas. Con sensatez y valor dedicaron un año al nuevo diseño del avión hasta obtener alas y estabilizadores en flecha, a fines de 1947.

Por su parte, el Tunnan fue el primer avión de su clase construido en serie en Europa Occidental, más precisamente en Suecia. El primero de los cuatro prototipos tuvo su vuelo inaugural el 1 de septiembre de 1948. Autorizado para entrar en producción en 1951, se construyeron 661 ejemplares hasta 1956

No fue sino hasta la caída del muro de Berlín, casi cerrando el siglo veinte, que se ha podido completar el rompecabezas de la historia de la industria aeronáutica soviética. Durante la Segunda Guerra Mundial, la ignorancia sobre los logros de esa industria era casi total, de manera que en años inmediatos posteriores se asumió con mucha naturalidad que todo lo que conseguían los soviéticos era producto de la captura de avances tecnológicos alemanes. Sin embargo, esto fue una simple subestimación de la capacidad tecnológica soviética que sólo duró hasta 1950, cuando se introdujo sigilosamente y en forma masiva en el conflicto de Corea el primer "caballo de Troya" de la Guerra Fría, el MiG-15.

Al igual que en Estados Unidos –pero en marcado contraste con Gran Bretaña, que decidió que durante los diez años siguientes a la Segunda Guerra Mundial no se necesitaría ninguna reforma importante del material de vuelo existente–, la Unión Soviética asumió la construcción aeronáutica como si la guerra no hubiese terminado. Los motores a reacción y la bomba atómica suponían los principales desafíos de la carrera armamentista que acababa de comenzar.

Cazas de propulsión mixta con motores turbohélice, cazas cohete y "misiles tripulados" fueron algunos de los conceptos que se exploraron. Finalmente, focalizaron en dos objetivos: desarrollar cazas a reacción derivados de los mejores cazas de la guerra y diseñar aviones completamente nuevos. Los aviones a reacción de primera generación soviéticos fueron el Yak-15 y el MiG-9, ambos con motores de inspiración alemana.

El problema fundamental de los soviéticos era la imposibilidad de disponer de la última tecnología de los motores a reacción. Un equipo dirigido por V. Ya. Klimov intentó construir un símil del motor británico Rolls-Royce Nene, el mejor de la época y al que apenas conocían por fotografías aparecidas en publicaciones occidentales. Para asombro de los soviéticos, después de un esfuerzo considerable para obtener datos completos del motor Nene por medios más o menos clandestinos, el gobierno británico suministró a Moscú veinticinco motores, como resultado de una negociación comercial.

El 30 de diciembre de 1947 realizó su primer vuelo el prototipo soviético Mikoyan-Gurevich (MiG) 15, equipado con un turborreactor Klimov RD-45 derivado del Rolls-Royce Nene. El nuevo caza y su motor entraron en producción en 1948 a un ritmo muy intenso.

En carrera por la máxima velocidad

En este contexto técnico y político se encontraba la carrera por obtener los aviones más rápidos y el vector de defensa y ataque más efectivo para un futuro escenario de guerra. Así se inició el proyecto Pulqui II.

Norberto Morchio y Humberto Ricciardi, a quienes Juan Ignacio San Martín, director del Instituto Aerotécnico, les había encargado la misión de incorporar a la Argentina en la competencia, tomaron la decisión de hacer el avión con ala en flecha basándose en los estudios aerodinámicos disponibles. Trabajos de investigación en aerodinámica de acceso público indicaban que a esos regímenes de velocidad era imposible diseñar con ala recta por el efecto de compresibilidad. Los jóvenes ingenieros, que contaban, además, con la experiencia de haber participado en el diseño y la puesta a punto del prototipo del Pulqui I, desarrollaron un anteproyecto y elaboraron las maquetas correspondientes; sus cálculos arrojaban una velocidad máxima de 1.060 kilómetros por hora.

Sin embargo, surgió una novedad del todo inesperada. Cuando se disponían a exponer el proyecto ante San Martín, Morchio y Ricciardi se encontraron en la sala de reuniones con dos personas a las que no habían visto antes. San Martín introdujo a los extraños como "el doctor Matties" y "el ingeniero Chöel" (después se sabría que se trataba de nombres falsos), "ingenieros alemanes recientemente llegados al país". Estaban presentes también el ingeniero Ambrosio Taravella y otros miembros del Instituto. Ante la audiencia, Morchio y Ricciardi iniciaron su presentación: analizaron los cálculos y datos obtenidos y explicaron la maqueta del I. Ae. 27a Pulqui II.

Las características del diseño eran muy avanzadas: ala en flecha moderada de 35 grados de superficie trapezoidal; alerón (empenaje horizontal) también aflechado con el mismo ángulo, instalado en la mitad de la altura de la deriva (plano vertical de la cola); perfil laminar casi simétrico. Se preveía la instalación de un motor Nene II (Morchio y Ricciardi, 1999).

En el momento de las preguntas, los alemanes solicitaron información sobre cuestiones técnicas que demostraban que tenían conocimientos acabados en la materia, tanto que habían traído otra maqueta, a la que analizaron frente a los demás y compararon con la de los argentinos, comentando virtudes y desventajas de una y otra.

Ante la duda generalizada sobre la identidad de los alemanes, San Martín reveló sus verdaderos nombres: se trataba del famoso diseñador Kurt Tank y su secretario Neuman. La maqueta que habían presentado correspondía al Ta-183.

San Martín decidió que el grupo argentino y el grupo alemán se pusieran a trabajar en forma paralela. Se esperaba la llegada de más profesionales de Alemania y el titular del Instituto confiaba en que las diferencias que pudieran surgir entre ambos equipos se decantarían con el correr del tiempo.

Morchio y Ricciardi no contaban para la tarea con el soporte del ingeniero Cardeillac, que se encontraba de viaje en Europa evaluando la compra de materiales, ni tampoco con los dibujantes que solían acompañarlos, ya que éstos continuaban retocando los planos del Pulqui I.

Los dos grupos trabajaban en el mismo pabellón, separados apenas por un pasillo. Esta cercanía determinó que la influencia de Tank fuera decisiva para el avance de ambos proyectos, que resultaron muy parecidos. Solamente se diferenciaban en dos aspectos (Morchio y Ricciardi, 1999):

- En cuanto a la entrada de los conductos de aire, el grupo argentino había hecho una derivación aerodinámica al motor; en cambio, el alemán lo había resuelto con un diseño simple, en el que los conductos desembocaban en una cámara.

- Por su parte, el tren de aterrizaje del grupo alemán se situaba en el ala; en cambio, el argentino se retraía en el fuselaje.

Convocada una nueva reunión, se presentaron los resultados de los dos trabajos, a partir de lo cual San Martín decidió que se fusionaran los equipos bajo la dirección de Kurt Tank.

El equipo alemán se había nutrido con nuevos integrantes, técnicos de máximo nivel empujados por la diáspora de la posguerra. Los dos jóvenes argentinos estaban perdiendo capacidad de control. La reunión en la que se decidió la fusión de los proyectos fue tensa. Eran quince alemanes frente a la voluntad de los dos bisoños ingenieros locales. Otto Pabst, uno de los alemanes, llegó a la conclusión de que a mil kilómetros por hora el proyecto argentino tendría cinco kilómetros por hora de diferencia de velocidad, de acuerdo a la aerodinámica, pero que la construcción del proyecto alemán era más simple, fundamentalmente en la parte destinada a los tanques de combustible. Por eso se decidió adoptar el diseño alemán, aunque con el tren de aterrizaje del argentino (Morchio y Ricciardi, 1999). El proyecto pasó a denominarse I. Ae. 33 Pulqui II.

Poco tiempo después, Morchio y Ricciardi, dolidos por la pérdida de control del proyecto, renunciaron.

¿Quién era Kurt Tank?

Vencida Alemania en la Segunda Guerra Mundial, agregados de las Fuerzas Armadas de la Argentina en el exterior trabajaron como agentes de inteligencia en la búsqueda de técnicos alemanes especializados en el desarrollo de las industrias bélicas.

En la operación de traslado clandestino colaboraron diplomáticos argentinos destinados en Suiza y agentes de una unidad de inteligencia presidencial especial. Se reclutó así a varias docenas de ingenieros y científicos alemanes y austríacos a los que el fin de la guerra había dejado en disposición y libertad bajo vigilancia de los países vencedores (Potash, 2002; Potash y Rodríguez, 1999). Entre ellos estaba Kurt Tank, quien prefirió la invitación argentina a la de la Unión Soviética, que también estaba interesada en sus servicios.

Disfrazado de enfermero, Tank cruzó la frontera entre Alemania y Dinamarca y, una vez en territorio danés, fue contactado por oficiales de la Fuerza Aérea Argentina. El cónsul argentino extendió pasaportes con nombres falsos para Tank y dos colaboradores. Acompañado por el agregado aeronáutico argentino en la URSS, comandante Gallardo Valdez, el grupo voló de Copenhague a Buenos Aires (Conradis, 1960).

A los pocos días de llegar, Tank se reunió con el presidente Perón. Había traído copiosa documentación técnica microfilmada y muchas ideas de aeronaves militares y civiles que ansiaba poner en producción. Por su lado parte, Perón sentía gran admiración por el hombre al que consideraba un genio de la industria aeronáutica.

Luego Tank se trasladó a Córdoba, pero su vínculo con Perón se mantendría en el tiempo, un reaseguro de la orientación de la política del Instituto Aerotécnico sin necesidad de reportar a San Martín.

En los meses siguientes, Tank gestionó la entrada en el país de alrededor de sesenta ingenieros, técnicos y especialistas de la industria aeronáutica alemana (preparaba listas puntuales de aquellas personas que requería como colaboradores).[1] La mayoría llegó vía Suiza-Italia con pasaportes extendidos por el Estado Vaticano. Entre ellos se destacaban Fieseler, lugarteniente de Tank y ex director de la fábrica Focke-

---

[1] Para una lista completa de los inmigrantes ver Meding, Holger M., 1999, *La ruta de los nazis en tiempos de Perón*, Buenos Aires: Emecé.

Wulf; los diseñadores Karl Thalau, Paul Klages (luego diseñador del I. Ae. 35 Huanquero o *Justicialista del Aire*), Wilhelm Bansemir y Ludwig Mittelhuber; los teóricos Gotthold Mathias y Herbert Wolff; Rotz, de la fábrica Daimler-Benz; Otto Behrens, piloto de pruebas y ex director del Centro de Ensayos de la Luftwaffe (Fuerza Aérea alemana), y Otto Pabst, especialista en dinámica de gases.

Tank era famoso en el ambiente aeronáutico por sus condiciones de diseñador y piloto de pruebas, que lo habían convertido en un protagonista del período en que finalizaba la era de la propulsión a hélice. Estaba especialmente dotado para poner a prueba las potencialidades de vuelo de cualquier avión desde el punto de vista tanto del ingeniero como del piloto, algo difícil de encontrar en una sola persona. El piloto de pruebas cumple la función de nexo entre el avión y el grupo de diseño, al que debe proveerle la información más fiable y completa posible acerca del comportamiento del prototipo. Tank participaba personalmente en los programas de evaluación de la mayoría de sus aviones.

Kurt Tank había sido jefe de diseño y director de la fábrica Focke-Wulf desde 1933 hasta 1945, y era el creador del Fw 190, el caza alemán más efectivo de la Segunda Guerra Mundial, del Fw 56 Stösser y del Fw 200 Condor (Conradis, 1960).

Cuando la guerra llegó a su fin, la Focke-Wulf empleaba a quince mil personas –diez veces más personal que cuando Tank asumiera la dirección de la empresa– y había construido alrededor de veintiséis mil aeroplanos. Detrás de los números de la producción industrial se encontraba una forma compleja y eficaz de organización de la producción en tiempos de guerra, ideada por Tank, que incluía la fabricación en cincuenta lugares distintos por proveedores esparcidos en toda Alemania en pequeñas fábricas.

El Stösser, su primer trabajo para la Focke-Wulf, en 1932, sería muy utilizado como entrenador estándar, convirtiéndose en el avión de acrobacias preferido por Gerd Achgelis, Emil Kropf y Ernst Udet, los ases de la aviación alemana de entonces. Fue, detrás del Fw 190, el avión de serie más prolífica. Se exportó a Bolivia, Checoslovaquia, Chile, China, Finlandia, Rumania, Suiza y Turquía, y se otorgaron licencias de producción a la Argentina, Austria, Brasil, Bulgaria y Suecia.

A mediados de julio de 1936, Tank se contactó con los directivos de la Deutsche Lufthansa con el objeto de presentarles unas ideas sobre un nuevo avión de transporte. Aseguraba que el primer avión cruzaría el Océano Atlántico en el plazo de un año, conectando Berlín y Nueva York sin escalas. La propuesta de avión comercial de largo alcance apuntaba a superar el modelo norteamericano Douglas DC-3 y reemplazar el Junkers Ju 52 como principal avión de la aerolínea (Conradis, 1960).

El vuelo transoceánico finalmente fue realizado por un Focke-Wulf Fw 200 Condor el 10 de agosto de 1938, en lo que constituye un hito en la historia de la aviación. Posicionado para dominar la aviación comercial de fines de 1940, el comienzo de la guerra truncó esa posibilidad del Condor.

En cuanto al Ta-183, cuya maqueta introduciría Tank en su primer encuentro con los ingenieros argentinos, fue sin dudas el proyecto que inspiró la segunda generación de cazas *jet* y referencia inevitable para el Pulqui II. Sin embargo, si bien el proyecto había sido dirigido por Tank como gerente general de la Focke-Wulf, el diseño propiamente dicho era de Hans Multhopp, brillante ingeniero y diseñador aeronáutico que se desempeñaba en el equipo de Tank en Alemania.

Multhopp se había formado en aerodinámica en la Universidad de Göttingen con el padre de la disciplina, Ludwig Prandtl. Sin abandonar sus tareas académicas, consiguió un puesto como responsable de uno de los túneles de viento en el centro de experimentación aeronáutica también ubicado en Göttingen. En 1937, Multhopp decidió dejar sin completar su doctorado para sumarse a la empresa Focke-Wulf. Para 1940 ya era asistente de Tank en el departamento de aerodinámica avanzada. En 1943 se convirtió en el diseñador jefe.

En ese contexto, Multhopp llegó a diseñar el Ta-183, un avión que incluía varias innovaciones radicales (Myhra, 1999a), como la cola en T y la pronunciada flecha alar de cuarenta grados. Había descubierto que las colas convencionales con estabilizador horizontal cerca del fuselaje no rendían bien con motores *turbojet*. Sus estudios en el túnel de viento demostraron que durante el despegue y el aterrizaje a bajas velocidades, cuando los controles son más laxos, el estabilizador superior o en T no es afectado por las turbulencias de las alas y permite asegurar el dominio sobre la nave. Por lo tanto, la cola en T se transformó en una firma del diseñador.

A pesar de la suculenta oferta económica para que se trasladara a la Argentina que le hiciera Tank, Multhopp no quiso acompañarlo. Prefirió emplearse en una compañía británica, paso previo a su traslado a Estados Unidos, donde llegaría a trabajar en los programas de desarrollo del taxi espacial. Tras la caída de Perón en 1955, gran parte del equipo de Tank en la Argentina fue reclutada por Multhopp para trabajar en la Lockheed-Martin.

Los primeros prototipos

El proyecto I. Ae. 33 Pulqui II se había iniciado a fines de 1947 dirigido por Kurt Tank. El programa de ensayos siguió tres etapas: 1ª. en túnel de viento con modelos a escala reducida, 2ª. en vuelo de planeador y 3ª. con prototipos motorizados.

Debido a que los ensayos en túnel de viento no arrojaban datos fiables acerca del comportamiento del diseño a bajas velocidades, se decidió pasar a la etapa de vuelo en modelos a escala natural. Durante 1948 se construyeron dos planeadores de madera y tela.

La elección de la ubicación del ala en la espalda provocó que el modelo estuviera más bajo sobre su tren de aterrizaje y que el fuselaje quedara mucho más cerca del suelo que en el modelo argentino del Pulqui II y en el Ta-183. Los vuelos de evaluación estuvieron a cargo del mismo Tank y del jefe de pilotos de prueba del Instituto, el capitán Edmundo Weiss. Se hicieron ensayos con los planeadores durante casi dos años.

La prueba consistía en elevar el planeador hasta los dos mil metros remolcado por un avión mediante un gancho de arrastre. Luego se soltaba el cable y el modelo planeaba. Durante el período de planeo, el piloto tenía la oportunidad de testear las aptitudes de vuelo del modelo. Para observar el comportamiento de los flujos de aire se colocaban pequeñas cintas a toda la superficie del fuselaje y las alas.

La información obtenida en las pruebas con planeador llevó a realizar una serie de modificaciones en el modelo motorizado, como la extensión de la deriva[2] y la estilización del fuselaje.

---

[2] La deriva, o plano de deriva, es el plano vertical de la cola de una aeronave. Está compuesto por una parte fija y una móvil, llamada *timón de dirección*, que permite controlar la dirección del vuelo.

Durante 1949 comenzaron las tareas de construcción de los dos primeros prototipos en forma simultánea. El prototipo 1 fue montado en una ménsula de ensayos estáticos y se lo sometió a cargas artificiales para determinar los parámetros de resistencia y los límites del esfuerzo hasta la rotura (Burzaco, 1996). El prototipo 2 fue destinado a los ensayos en vuelo. Se lo equipó con una turbina Rolls-Royce Nene II y se le instaló el primer asiento eyectable fabricado en serie, también de origen inglés. El problema del escape de un avión en vuelo a altas velocidades era nuevo. En los aviones a pistón, la práctica usual era simplemente abrir la cabina y saltar por un costado. Pero en un avión que alcanzaba velocidades cercanas a los mil kilómetros por hora, el piloto corría el riesgo de golpearse contra alguna parte del avión y sufrir lesiones graves.

El primer vuelo con el prototipo motorizado se realizó el 16 de junio de 1950 y estuvo a cargo del jefe de pilotos de prueba, capitán Edmundo Weiss. Con una duración de casi media hora, fue una prueba sin exigencias y registró las características básicas de vuelo. Sin embargo, podía haber problemas en el planeo antes de tocar tierra. Las alas en flecha reducían la sustentación a bajas velocidades, por lo cual al momento de aterrizar el aparato podía descontrolarse. Para asegurarse el control, Weiss aterrizó a mayor velocidad y menor ángulo de incidencia, sin levantar demasiado la nariz.

Se trataba de riesgos que cualquier piloto de pruebas en esa posición debía afrontar. Sin embargo, ante los posibles problemas de estabilidad, Weiss le había pedido ayuda a Reimar Horten –ingeniero alemán incorporado al equipo por Tank y a cargo de la construcción de los planeadores– sobre la mejor manera de pilotar la versión motorizada del Pulqui II. Las recomendaciones de Horten fueron que mantuviera el avión estabilizado permanentemente, que no hiciera ningún tipo de giros bruscos y que aterrizara a mucha velocidad. Así se hizo y el vuelo terminó sin incidentes. Pero, en privado, Tank explotó de furia con Weiss. Para Tank, las fallas de diseño eran mínimas y no había razón para tomar una actitud tan conservadora. Era necesario exigir del avión lo máximo a fin de poder evaluarlo en forma completa (Myhra, 1999a).

Dos días después, Otto Behrens realizó un segundo vuelo, en el que experimentó con altas velocidades. Superando los setecientos kilómetros por hora notó un comportamiento lateral inestable. Además, al aterrizar a baja velocidad el avión sufrió violentas oscilaciones que superaron el límite de resistencia de los materiales. Se produjo la rotura del tren de aterrizaje de la nariz sin consecuencias para el piloto y con rasguños menores para el aeroplano (Wagner, 1998).

Un nuevo enfrentamiento se produjo tras el segundo vuelo, ahora entre Tank y Behrens. El piloto le dijo a Tank que en todos sus años como testeador no había visto un avión tan "bruto" y lo consideraba una de las aeronaves más peligrosas que hubiera volado (Myhra, 1999a).

De la evaluación posterior se diagnosticó que, además de las características aerodinámicas a mejorar, debía cambiarse el diseño del tren para que absorbiera el impacto del aterrizaje. El joven ingeniero argentino Enrique Corti se ocupó de la tarea. Para darle estabilidad a la aeronave a altas velocidades y eliminar el comportamiento lateral anormal (movimiento de rolido) se rediseñó el timón de dirección. Para lograr mayor control del aparato a bajas velocidades se cambió el sistema de amortiguación y la forma delantera del ala, haciéndola más aguda en la zona próxima al fuselaje con el fin de homogeneizar la velocidad mínima de aterrizaje (Marino, 2000). Además, se colocaron dos parantes en el techo de la cabina como separadores de la doble pared de la cúpula transparente.

Este primer prototipo motorizado del Pulqui II, con los cambios mencionados, finalmente fue probado en vuelo por Kurt Tank el 23 de octubre de 1950. El experimentado piloto sufrió una pérdida de control del avión que casi le cuesta la vida. Se descubrió que la máquina padecía una sombra aerodinámica en la cola en T cuando el avión entraba en pérdida, amenaza que se corrigió en los últimos meses de 1950 gracias a una investigación sobre escritos teóricos que arrojó el hallazgo de un *paper* que explicaba el fenómeno.

El libro de vuelos muestra el cuidado con el que Tank se dedicó a testear los cambios en el avión: entre octubre de 1950 y mayo de 1951 registró no menos de veintiocho vuelos de prueba (Wagner, 1998).

El Pulqui II como uno de los protagonistas de la "nueva Argentina"

El 8 de febrero de 1951, el Pulqui II fue trasladado en vuelo al Aeroparque de la Ciudad de Buenos Aires por el propio Tank para su presentación oficial. Fue un acontecimiento de considerables proporciones. Miles de personas se congregaron en la aeroestación convocadas por la prensa.

El Líder, principal diario oficialista, hacía un año que se encargaba de cubrir las alternativas del avance del proyecto. El 4 de marzo de 1950 anunciaba "Un avión supersónico se construye en la Fábrica Militar de Córdoba" y el 30 de enero de 1951 titulaba "Pulqui II: otro ejemplo de la capacidad técnica y productora de los argentinos".

Para principios de 1951, Perón ya daba inicio a la campaña electoral, que duraría un poco más de un año, en pos de un segundo mandato presidencial. Junto con unas "Directivas generales para el plan político del año 1951", distribuidas en forma secreta a un grupo selecto de ministros y gobernadores y que consistían en la recomendación de actividades proselitistas y acciones preventivas de situaciones de huelga o subversión, se iniciaron acciones abiertas de propaganda (Luna, 2000).

Era un momento especialmente difícil para el gobierno, pues enfrentaba una fuerte crisis económica. A comienzos de 1951 se produjeron las huelgas más serias. Los ferroviarios, frustrados ante las demoras en sus tratativas para obtener mejores salarios y beneficios sociales, comenzaron a interrumpir los servicios. Para terminar con la huelga, Perón debió decretar la movilización militar (Page, 1999).

Este ambiente fue el marco que sirvió a Kurt Tank para devolver en especie el apoyo que había recibido por cinco años de manos del estimado presidente. El espectáculo montado en el Aeroparque para exhibir la tecnología de la "nueva Argentina" fue contundente y preciso en sus alcances simbólicos.

El primer impresionado fue el propio Perón. El 8 de febrero, muy temprano, Tank lo llamó por teléfono desde Córdoba. Como en una competencia de niños, lo desafió a que llegaría antes al Aeroparque él desde Córdoba, a una distancia de ochocientos kilómetros, que Perón desde la residencia presidencial de Olivos. Perón aceptó el reto, pero se vio sorprendido por un inusual tráfico que se dirigía al evento (Burzaco, 1995).

El sonido del motor *jet* tuvo una potencia especial esa mañana de sábado porteña. La exhibición aérea de Tank fue impresionante. Como eximio piloto de pruebas hizo las galas con maniobras de lo más variadas.

Trepadas, giros, vuelo invertido a baja velocidad y todo tipo de acrobacias. Las imágenes que quedaron registradas en los noticieros de la época muestran pasadas rasantes a veinticinco metros de altura y una velocidad máxima de novecientos kilómetros por hora que impresionarían aun en la actualidad. Cuando finalmente tocó tierra, el Pulqui II se deslizó suavemente hacia el palco oficial, despertando el saludo desbordado de la multitud.

Unas semanas más tarde, Tank repitió la demostración ante el príncipe Bernardo de Holanda, quien, de visita en la Argentina, se decía que deseaba negociar la compra de un centenar de aviones Pulqui.

En enero de 1952, el prototipo fue llevado a Mar del Plata para su exhibición en forma estática en el Casino, donde se realizaba la exposición Alas Argentinas. En septiembre de 1953 se expuso en el Aeroparque de la Ciudad de Buenos Aires durante la Semana de la

Vuelo de presentación del I. Ae. 33 Pulqui II en el Aeroparque de la Ciudad de Buenos Aires, el 8 de febrero de 1951. El general Perón felicita a Kurt Tank. Fuente: Frenkel, 1992.

Aeronáutica y el 14 de diciembre, en la Feria de las Américas en Mendoza.

Poco más de un mes después de la exitosa exhibición del Pulqui II en Aeroparque, precisamente el 24 de marzo de 1951, Perón anunciaba el logro de la fusión nuclear en Argentina. El comunicado decía: "El 16 de febrero de 1951, en la planta piloto de energía atómica, en la isla Huemul de San Carlos de Bariloche, se llevaron a cabo reacciones termonucleares bajo condiciones de control a escala técnica". Era la consagración de la "nueva Argentina", una consigna utilizada en forma creciente por la propaganda del aparato oficial. Este suceso de alcance internacional duró apenas unas semanas, hasta que se comprobó que no había logro tecnológico alguno.

En 1948, Kurt Tank había recomendado a Perón la inmediata contratación del físico austríaco Ronald Richter, "un genio" recién llegado a la Argentina proveniente de Suecia. Tank y Richter se habían conocido en Londres unos años antes y allí el austríaco habría convencido al alemán de la posibilidad cercana y concreta de construir aeronaves propulsadas por energía nuclear.[3]

Es importante señalar aquí que, tras el desenmascaramiento de la farsa nuclear un año después del histórico anuncio, las instalaciones de la planta piloto de la Isla Huemul no fueron desmanteladas. Allí se creó un Instituto de Física,[4] bajo la dirección de José Balseiro. Paradojas de la I&D en la Argentina: por un lado, la "importación" de Richter —recomendada

---

[3] En una obra ya clásica en los estudios sobre la historia de la ciencia en la Argentina, Mario Mariscotti (1985) detalla clara y documentadamente el *affaire* Richter.

[4] A fines de 1962, la institución recibió el nombre de Instituto de Física Dr. José A. Balseiro, hoy reconocido en todo el mundo como "Instituto Balseiro".

enfáticamente por Tank– terminó opacando los logros de la tecnología aeronáutica en tiempos de Perón; por otro, los restos de un fraude escandaloso dieron el impulso para el surgimiento de una casa de estudios cuya excelencia ha prestigiado a los científicos argentinos ante los ojos del mundo.

Cambio de la política tecnológica peronista

Respecto de la puesta en escena del espectáculo tecnológico-político de la mañana del sábado 8 de febrero de 1951 en el Aeroparque Metropolitano deben señalarse dos hechos que daban cuenta de la nueva situación en la que se encontraba el proyecto Pulqui II: 1º. entre las autoridades presentes en la exhibición no se encontraba el brigadier San Martín y 2º. el discurso de Perón, si bien agradecido y lleno de elogios para Tank, ubicaba el destino de la industria aeronáutica en un futuro impreciso.

San Martín se había alejado de la dirección del Instituto Aerotécnico hacía ya dos años, convertido en una figura clave de la administración justicialista en la provincia de Córdoba.

Tras las elecciones del 24 de febrero de 1946, una de las primeras provincias que entró en conflicto fue Córdoba. De profunda tradición radical, "La docta" no ofrecía el mismo calor popular que el resto del país. El naciente peronismo había perdido las elecciones nacionales en esa provincia y una alianza de laboristas y radicales renovadores había triunfado en el orden provincial por menos de doscientos votos tras un escrutinio que electrizó al país entero. Había sido una hazaña ganar a los radicales en el bastión de Sabattini, pero tal como ocurrió en otros distritos, la batalla había sido librada por una endeble coalición de fuerzas: desertores del sabattinismo y dirigentes sindicales sin experiencia política. En consecuencia, constantes disputas y divisiones dejaron la primera gestión peronista de Córdoba en manos de un ex radical, Argentino Auchter, y plagada de conflictos, renuncias de ministros y presiones del laborismo.

A sólo un año de gestión, el juicio político no se hizo esperar. Los laboristas prepararon el trámite de forma expedita, mientras el gobernador se encontraba en reuniones en Buenos Aires. De regreso en la provincia, Auchter cerró la legislatura. El escándalo político culminó el 14 de junio de 1947, cuando los cordobeses amanecieron con dos gobernadores: Auchter en la Casa de Gobierno provincial y Asís (hasta entonces vicegobernador) en su casa del barrio Alta Córdoba (Luna, 2000).

En esta situación, Perón recurrió a su hombre de confianza en la provincia mediterránea, quien, además, reunía las condiciones para establecer un liderazgo indiscutido. Éste era el brigadier Juan Ignacio San Martín. Luego de una breve intervención del gobierno central, las elecciones de diciembre de 1948 consagraron a San Martín como nuevo gobernador de Córdoba.

Indudablemente, fue la política lo que terminó de alejar al militar e ingeniero de la actividad cotidiana vinculada al proyecto Pulqui II, pero también influyeron los cambios introducidos por Tank en el Instituto Aerotécnico y la conexión directa que éste tenía con Perón. A pesar de todo, la Fábrica Militar de Aviones (FMA) seguía bajo la órbita "no formal" de San Martín. Las nuevas funciones del brigadier lo acercarían a las necesidades del desarrollo de la segunda etapa de sustitución de importaciones, lejos de las de la industria armamentista.

El discurso que Perón hizo la mañana del 8 de febrero de 1951 en Aeroparque enunciaba el destino de eterna postergación del Pulqui II para quienes quisieran interpretarlo:

> No está de más que en esta oportunidad recuerde a los camaradas de la Aeronáutica que nuestro programa, que nació en ese plan quinquenal, prescribía, hasta el año 52, cumplir un ciclo que terminaba con la formación de personal técnico indispensable, de la mano de obra necesaria y capacitada, con la constitución del Instituto Aerotécnico, que sería un núcleo para el futuro de las fabricaciones y dirección técnica de la nueva fábrica de aeronaves. También que seguimos luchando para conseguir dominar ya la producción de la materia prima, elaborar todas las formas del aluminio, y llegar a la confección de aceros especiales que intervienen en la construcción de las máquinas; establecer los altos hornos necesarios y toda la elaboración de la materia prima para que en el segundo plan quinquenal, de 1952 a 1958, pueda cumplirse la segunda etapa de este plan, en poder ya de técnicos, de mano de obra, de institutos técnicos capacitados, y podamos instalar la fábrica al tiempo que produzcamos la materia prima. Podremos así en el año 1958 hacer real nuestro deseo y nuestra aspiración de tener no solamente una aeronáutica a la altura de las necesidades de la República, sino también una fábrica de aeronaves que nos capacite para independizarnos totalmente del extranjero en la producción.[5]

---

[5] En *Aviación*, abril de 1951.

Ya desde 1949 existía en el Poder Ejecutivo preocupación por el futuro de la economía argentina. Las decisiones sobre el necesario cambio de rumbo se estaban postergando hasta superar el evento electoral de 1951. Finalizada la Segunda Guerra Mundial, la administración peronista había gozado de una situación excepcional: libre de deuda externa, con importantes reservas en divisas, una gran demanda y altos precios para sus exportaciones de alimentos (Gerchunoff y Antúnez, 2002). La industria crecía desde hacía más de una década al amparo de la sustitución de importaciones especialmente en el período de entreguerras.

Las decisiones de política económica, además de la distribución más equitativa del ingreso, estuvieron ordenadas por dos ejes:

- La expansión del Estado en la actividad de producción mediante la instalación de industrias de armamentos y en los servicios públicos a través de una política de nacionalizaciones.
- El estímulo de las actividades orientadas al mercado interno y, en consecuencia, el desaliento de las exportaciones.

El modelo keynesiano de la época en los países centrales de Occidente fue el marco con el cual se establecieron las políticas económicas y tecnológicas más sujetas a los apoyos sociales. El proyecto industrialista para la defensa nacional, asentado en industrias básicas, fue propiciado por oficiales del ejército durante la guerra (Paradiso, 2002).

Desde 1943, el crecimiento y consecuente costo de las Fuerzas Armadas eran considerables. Mientras en 1942, los gastos militares absorbían el 27 por ciento del presupuesto nacional, tres años más tarde se habían elevado al 43 por ciento. El temor a un conflicto con Brasil, país militarmente fortalecido gracias al suministro de armas estadounidenses que se le negaban a la Argentina debido a sus políticas de neutralidad, desató la ansiedad por desarrollar la industria armamentista nacional. A este proyecto ya en marcha en 1945 y cuyo referente más conspicuo fuera el general Savio, los argumentos de la política industrial del Justicialismo habían añadido la nacionalización de los ferrocarriles, teléfonos, gas, marina mercante y aerolíneas comerciales.

Por otro lado, los préstamos otorgados a la industria liviana en el período 1945-1948, en particular a las manufacturas de alimentos y de bienes de consumo no durables, tendían a lograr el autoabastecimiento sin interés en la productividad.

La política tecnológica que durante la guerra había echado mano de las exiguas destrezas locales, obteniendo resultados reveladores con el motor radial El Gaucho y el avión de entrenamiento DL 22, era congruente en una situación de posguerra con la "importación" de técnicos alemanes que le dieron a la Argentina "secretos" y adelantos de última generación. Todo ello tenía la intención geopolítica de poner a la Argentina en una posición gravitante entre occidente y los soviets. Dentro de este esquema, la innovación radical no era reprimida, sino, muy por el contrario, alentada.

Desde el inicio de la administración justicialista, la tecnología militar había tenido prioridad. La política de rearme no podía satisfacer la demanda de armas modernas dada la escasa oferta disponible y se veía como posible cubrir la brecha con desarrollos locales potenciados por la migración de técnicos extranjeros. La especulación con el estallido de una tercera guerra mundial no se acalló sino hasta el fin de la Guerra de Corea en julio de 1953, cuando el conflicto armado quedó confinado a Extremo Oriente y la guerra entre las superpotencias pasó a otro plano, la llamada "Guerra Fría".

En 1949 estalló la crisis del sector externo, se invirtió el signo favorable de los términos de intercambio, golpeando la actividad industrial nacional por la dificultad de importar maquinarias y equipos, e impulsó un crecimiento de la inflación. El primer reflejo fue el recorte de las importaciones, la reducción del crédito y los subsidios. La experiencia se repitió en los dos años siguientes hasta constituirse en el nuevo rumbo estratégico. A partir de 1952, las prioridades fueron la estabilidad por sobre la expansión, y se recuperaron los roles del complejo agropecuario y los capitales extranjeros como motores económicos.

La crisis de crecimiento tuvo su epicentro en la amplia dependencia de la industria liviana productora de bienes de consumo respecto de los insumos y bienes de capital importados. Cuando se hicieron los recortes a las importaciones en 1949, se evidenciaron las falencias del primer ciclo sustitutivo debido a que gran parte de ellas consistían en componentes indispensables para el funcionamiento de las manufacturas locales (Gerchunoff y Antúnez, 2002). El país era víctima de su propio crecimiento. A pesar de que el Estado había desarrollado acciones como la empresa nacional de hidrocarburos, Yacimientos Petrolíferos Fiscales (YPF), el esfuerzo se revelaba insuficiente. YPF registraba un crecimiento sostenido desde su creación en 1922; sin embargo, su producción no alcanzaba para abastecer la demanda interna, lo que se reflejó en la creciente participación del petróleo y sus derivados en las importaciones. Durante el quinquenio inmediatamente anterior al estallido de la Segunda Guerra Mundial, el petróleo representaba menos del diez por ciento de las importaciones totales, en tanto que durante el primer quinquenio de la década de 1950 llegó a casi el veinte por ciento (Gerchunoff y Antúnez, 2002).

El giro estratégico de la administración justicialista provocado por el tránsito desde una etapa distribucionista hacia otra que ponía foco en los problemas de la producción dio por tierra, a su vez, con las aspiraciones de potencia militar alternativa en un mundo bipolar y sus políticas tecnológicas asociadas para dar lugar a la preocupación más mundana por la producción de bienes tecnológicamente más simples que el Pulqui, pero más complejos que los que proveía la industria privada hasta entonces. El Estado se puso como objetivo el desarrollo de las industrias intermedias y pesadas, liderando así la segunda fase de sustitución de importaciones. Se trataba de subir en la cadena de valor produciendo bienes de capital, tales como maquinarias y vehículos, y avanzar, sobre todo, en los insumos industriales como el acero, el aluminio y los químicos.

En este marco, las palabras del presidente Perón en Aeroparque adquirían su pleno significado. Sobre el cambio de rumbo de la política económica con el objeto de encarrilar la crisis de crecimiento se imprimió una nueva y estructural política tecnológica, manejada en dirección hacia el dominio de las tecnologías de procesos de producción moderna y el diseño de productos intermedios asociados al consumo de sociedades avanzadas. Esta política tecnológica sirvió de disparador para la radicación temprana de terminales automotrices en el territorio nacional y claramente dejó de priorizar la innovación radical, ya que ésta suponía el consumo infinito de divisas y proyectos de difícil concreción productiva.

Un ejemplo del cambio de rumbo fue la campaña nacional por el aumento de la productividad durante el Segundo Plan Quinquenal. También fue en este contexto, menos geopolítico y más pragmático, que surgió el llamado a los capitales extranjeros. A principios de 1953, el Congreso aprobó una legislación más permisiva de radicación de capitales, y con sus auspicios se concretaron varios proyectos de inversión de firmas norteamericanas y europeas para la producción de tractores, camiones y automóviles (Raccanello, 2010; Torre, 2002).

Las prioridades de inversión del Estado expuestas en el ambicioso Segundo Plan Quinquenal se alineaban con el objetivo de "solventar las necesidades básicas del país" (Fiszbein, 2010). Así es como la distribución de la inversión pública en los últimos cuatro años del régimen peronista fue muy distinta a la del quinquenio anterior. Aumentaron los porcentajes correspondientes a transportes (del 27,4 al 29 por ciento), energía y comunicaciones (del 16,7 al 24,4 por ciento) y siderurgia (del 0,5 al 2,1 por ciento), y descendieron los recursos destinados, por ejemplo, a la defensa (del 23,5 al 9,7 por ciento) y la salud (del 18,3 al 12,5 por ciento) (Gerchunoff y Antúnez, 2002). El énfasis puesto en la cobertura de las necesidades de la defensa y en la construcción de hospitales y escuelas de los primeros años dio paso a la construcción de la infraestructura productiva. En particular, lo que fue en su inicio una nueva política económica nacional terminó cambiando en forma directa los objetivos del Instituto Aerotécnico, la organización que alojaba el proyecto Pulqui II.

Industrias Aeronáuticas y Mecánicas del Estado

Los proyectos con un alto contenido nacionalista, y mucho más los de corte netamente militarista, estaban condenados a retrasos y postergaciones, ya que, ante la falta de dineros estatales, se debía recurrir a las empresas privadas. Si, además, se quería que el proceso de inversión no consumiera divisas, había que recurrir a las empresas extranjeras. Éstas eran, por otra parte, las únicas que podían hacer frente a los volúmenes de inversión requeridos por la etapa de sustitución avanzada (Gerchunoff y Antúnez, 2002).

La atracción de capitales externos para solucionar las prioridades del gobierno, a saber, la sustitución de importaciones para la mecanización agrícola y de insumos, no obstante fue difícil. De hecho, con argumentos nacionalistas, la oposición política trabó en la Cámara de Diputados el contrato con la Compañía California Argentina de Petróleo (subsidiaria de la Standard Oil de California). Por su parte, en 1946 la dotación de tractores importados sólo ascendía a diez mil, una cifra exigua para la mecanización requerida por el campo de ese tiempo. Las empresas norteamericanas que gozaban de la fortaleza para realizar inversiones no estaban dispuestas a resignar las ganancias que generaba la importación de la totalidad de los vehículos e invertir a riesgo en la construcción de costosas fábricas.

Mientras se sondeaba otras empresas, el Poder Ejecutivo, de la mano de Juan Ignacio San Martín, inició su propio proceso de instalación de industrias. Esta decisión se instrumentó, en parte, convirtiendo el Instituto Aerotécnico en un complejo aeronáutico-automotriz. La creación de Industrias Aeronáuticas y Mecánicas del Estado (IAME), el 28 de marzo de 1952, involucró en forma directa a gran parte del *staff* de la FMA que, si antes se dedicaba al diseño y la fabricación de aviones, como el DL o el Calquín, ahora se abocaba al diseño y producción de automóviles. De ello da testimonio el propio ingeniero Taravella, quien en su libro autobiográfico (1982) relata el paso de diseñar y construir motores radiales, como El Gaucho y El Indio, a ocuparse de los motores de autos, motocicletas, rastrojeros y tractores. Por supuesto, este giro impactó negativamente en el proyecto Pulqui II.

Ésta era una decisión de emergencia que atendía a la necesidad de reducir drásticamente la fuga de divisas. Dado que no había capitales multinacionales dispuestos a invertir en la Argentina, la solución más directa, para, por ejemplo, proveer de tractores al campo, era la producción doméstica.

El Poder Ejecutivo aprobó la instalación de cuatro fábricas (Fiat, Deutz, Fahr y Hanomag) bajo compromiso de producir 13.200 unidades al año. Sin embargo, el grueso de la producción entre 1952 y 1955 estuvo en manos de la nueva organización estatal que se montó sobre la infraestructura de la antigua FMA (Gerchunoff y Antúnez, 2002).[6]

El desarrollo de Córdoba como polo industrial estuvo apoyado en una tradición de dos décadas de la FMA, que había formado mano de obra especializada, poseía amplias instalaciones y contaba con una sólida red de proveedores. El IAME actuó como un imán atrayendo fábricas de autos, tractores y motores de diversos orígenes.

Los vehículos de IAME pueden considerarse los primeros automóviles fabricados en serie en la Argentina,

---

[6] El acuerdo con el gobierno incluía una cláusula contractual según la cual los tractores que se fabricaran deberían tener una componente de partes importadas que cayera con el tiempo. Se partía de un ochenta o noventa por ciento para reducirlo a un cinco por ciento en el curso de cuatro años a partir de 1953.

si bien tenían gran parte de trabajo artesanal y la línea de montaje era muy rudimentaria. Tanto el sedán como los utilitarios fueron de diseño argentino: el sedán se basó en el Chevrolet 1951 y la *pick-up*, en los trabajos de César Castano, a quien el gobierno del general Perón le compró la matricería y los planos de su vehículo Castanito.

El modelo de desarrollo pensado por San Martín combinaba la agilidad y la apertura estratégica de la dirección privada con el soporte del Estado para aquellas actividades que requirieran aprendizaje intensivo, actualización tecnológica y largo ciclos de financiamiento. En particular, con la experiencia del Instituto Aerotécnico se apoyó desde IAME a cuatro áreas, la educación, el financiamiento, la calidad y la importación de materiales y partes especiales.

La instalación de la automotriz Industrias Kaiser Argentina (IKA) en Córdoba se realizó por medio de un *joint-venture* entre la empresa norteamericana y IAME en 1955. Ya sobre el final del gobierno peronista quedó como una excepción dentro de la lógica de las inversiones norteamericanas y fue la empresa que definitivamente inició la moderna producción automotriz en serie en la Argentina mediante la importación de maquinaria desde Estados Unidos (Mac Donald, 1988).

Este proyecto dio definitivamente por tierra con el Pulqui II. La geopolítica de la "tercera posición" tuvo que ceder frente a la imperiosa necesidad de construir el "capitalismo solidario".

Sin embargo, en 1954 y 1955 continuaron los trabajos de diseño de aviones avanzados. Se estaban construyendo los prototipos del I. Ae. 38 Horten, avión ala volante para el transporte de cargas, conocido popularmente como "Naranjero", y del caza delta supersónico I. Ae. 37, dirigidos por Reimar Horten.

Por otro lado, Tank avanzaba con el I. Ae. 36 Cóndor II, avión de pasajeros *jet* conocido como "Pentaturbo" por su extraña planta motora constituida por cinco motores *jet,* y un birreactor que se conocería como el Pulqui III.

¿Cómo fue posible que, aun cuando el Pulqui II no había logrado entrar en la fase de construcción en serie y la fábrica tomaba un rumbo tecnológico diferente, se desarrollara un avión de esas características? Evidentemente, los tiempos de las comunidades tecnológicas no se podían detener. Con el IAME comenzaron proyectos de nueva índole que hundieron en un cono de sombras al Pulqui II. Estos proyectos, además, crecieron enancados en la atomización y disgregación de los grupos de diseño.

Reimar Horten

El doctor Reimar Horten fue un caso especial dentro del nutrido contingente de alemanes que llegaron a la Argentina finalizada la Segunda Guerra Mundial. Si bien estuvo incluido en un principio en el grupo encabezado por Tank, poco tiempo después se independizó y continuó trabajando por su cuenta.

Horten formaba parte de la élite de nuevos diseñadores "científicos", al igual que su colega y amigo Hans Multhopp, y contaba con un doctorado en aerodinámica. El final de la guerra lo encontró en su pequeña fábrica de Göttingen desarrollando un caza birreactor, el Gotha Ho-222, de diseño revolucionario, cuya mayor particularidad era que se trataba de un ala volante sin cola (Myhra, 1999b). En esos tiempos, Göttingen era el centro mundial de la producción de conocimiento sobre aerodinámica de altas velocidades. Allí estaban también los primeros túneles de viento supersónicos.

Con la obligación de abandonar la devastada Alemania para poder continuar con sus trabajos, Horten decidió emigrar a la Argentina cuando se enteró de la existencia en Córdoba de un túnel aerodinámico en el que podría desarrollar sus estudios sin sobresaltos. Inicialmente se alojó en Buenos Aires y no pasó mucho tiempo hasta que San Martín se lo presentó a Perón. De inmediato quedó claro que tenía una estrategia distinta a la de Tank (símbolo de la tecnología tradicional de aviones a pistón). Más que en el sector militar, a Horten le interesaba promover sus ideas de avanzada entre los aficionados al vuelo libre. En 1949 entregó a un grupo de entusiastas cordobeses los planos del pequeño planeador Ho-X para que ellos mismos lo construyeran en sus talleres, prestándoles permanente asesoramiento. Se trataba de un ala volante de pocos metros de envergadura que se podía elevar corriendo, si la velocidad del viento era mayor a quince kilómetros por hora. Una especie de ala delta de su tiempo. De hecho, fue el trabajo pionero en conceptos que luego se trasladarían tanto al ala delta como a la actual tecnología *stealth,* propia de los cazas y bombarderos invisibles al radar.

A diferencia de Tank, Horten trabajó con un grupo chico y con recursos limitados. Apenas contaba en su equipo con el doctor Karl Nickel y el piloto Heinz Scheidhauer. Tuvo también la colaboración del aerodinamista polaco Stanislao de Irasinsky, quien en el túnel de viento supersónico descubrió la formación de remolinos cónicos en aeronaves supersónicas.

En realidad, Tank y Horten eran representantes de dos generaciones de diseñadores. Diferencias que se expresaban también en la personalidad y la modalidad de trabajo. Horten, de extremada sencillez y bonhomía, contrastaba con el ímpetu de Tank, un verdadero capitán de la industria. Las figuras del consultor de un sistema tecnológico y la del ingeniero emprendedor, respectivamente, reflejaban posiciones antagónicas en las comunidades de práctica tecnológica. La relación entre ambos no fue buena y estos chisporroteos quedaron registrados en la correspondencia que Horten mantenía con su amigo Multhopp, quien había "sufrido" a Tank en la Focke-Wulf, en tiempos del desarrollo del Ta-183.

Todo había comenzado en 1942, cuando Multhopp realizó un proyecto para diseñar un nuevo prototipo. El Ta-183 presentaba innovaciones radicales como las alas inclinadas cuarenta grados hacia atrás y el timón de la cola inclinado marcadamente también hacia atrás. Se trataba de una audacia de diseño que dio lugar a numerosas críticas e incitó una fuerte discusión en los expertos de la época. Comparadas con la mayoría de los otros diseños, las alas delanteras parecían estar montadas muy lejos, lo que a simple vista acarreaba el riesgo de perder el centro de gravedad del aparato. El avión tenía un fuselaje corto con una toma de aire que pasaba debajo de la cabina del piloto y que procedía de la parte posterior, donde se ubicaba un solo motor.

El equipo liderado por Multhopp y supervisado por Tank generó una segunda versión, conocida como "diseño III". Las diferencias principales eran una inclinación del ala de treinta y cinco grados. La cola también fue reajustada, usando un auge horizontal corto para montar las superficies de control sobre la línea del fuselaje posterior. Esta versión parece considerablemente más "convencional" para los parámetros modernos, aunque algo más rechoncha debido al largo total de la turbina. Finalmente, Tank descartó ciertos aspectos del diseño de Multhopp, relacionados con la ubicación de las alas, aunque mantuvo su gran innovación, la cola en T.

Se mencionó antes la llamativa similitud de algunas de las partes del Pulqui II con el diseño original de Multhopp. En las cartas que intercambiaban, tanto Multhopp como Horten eran muy duros con Tank. Para ellos, éste incurría en graves y obvias falencias aerodinámicas (Myhra, 1999b).

Horten era considerado una verdadera eminencia, que poco a poco se iba convirtiendo en un mito viviente por su indiscutido liderazgo mundial en alas delta. Venían a buscarlo de Estados Unidos, con cheques en blanco, pero el dinero no era su motor más importante. Horten se encariñó con la Argentina y aspiraba a desarrollar aquí algunos de sus proyectos.

En 1954, Horten completó el diseño y comenzó la construcción del I. Ae. 37, un caza supersónico con ala delta. Este proyecto constituía una clara apuesta competitiva contra el Pulqui II. Incluso, Horten llegó a escribir en la *Revista Nacional de Aeronáutica* sobre el tema, presentando la nave, señal de que el enfrentamiento con el grupo de Tank tenía un correlato organizacional. Sólo llegaría a ser testeado como planeador mediante una maqueta.

La actuación de Horten en el país también se trasladó a los claustros, donde es recordada su labor docente en las escuelas de ingeniería aeronáutica en las cátedras de Aerodinámica I, II y III. Más tarde sería contratado como consultor de las empresas de aviación norteamericanas dedicadas a las alas volantes, para las cuales inspiró la continuación de los estudios y las investigaciones sobre la aerodinámica avanzada durante varias décadas.

Su tarea en el país excedió el campo de la aeronáutica. Sus conocimientos fueron utilizados en otras áreas, como por ejemplo en el automovilismo deportivo, de la mano del diseñador argentino de autos de carrera más importante de todos los tiempos: Oreste Berta, "el mago de Alta Gracia". Éste había acudido a la FMA en busca de respuestas aerodinámicas para un auto que estaba preparando para correr en Estados Unidos. Alguien le dijo que Horten podía ayudarlo y el alemán, sin siquiera ver el auto, le sugirió algunas ideas que hicieron que el problema se resolviera de inmediato. En Estados Unidos, el auto de Berta sorprendió por su rendimiento y cuando se mencionó el nombre de Horten, los norteamericanos no podían creerlo: se trataba de un científico de prestigio mundial y en Argentina apenas lo conocía un puñado de personas.

Accidentes fatales

En el desarrollo del proyecto Pulqui II intervinieron otros factores, además del económico y el político, que generaron inestabilidad en la alianza de los actores involucrados. Estaba claro que la fabricación del avión ya no coincidía con las prioridades del gobierno en materia económica y que San Martín se había apartado de la red de soporte inmediata del proyecto, pero, además, una serie de acontecimientos generaron la creciente desconfianza de los pilotos de la Fuerza Aérea, futuros posibles usuarios de los Pulqui II de serie, hacia los modelos producidos por la FMA.

Una de las tareas que debía acometer el grupo de desarrollo del Pulqui II para que el avión fuera producido y reemplazara finalmente a los cazas de la primera generación *jet* Gloster Meteor de fabricación inglesa era persuadir a los pilotos de la recientemente creada Fuerza Aérea Argentina, en especial a los pilotos de los cazas, de la superioridad y fiabilidad del diseño propuesto.

El aparato en desarrollo sería piloteado por primera vez en mayo de 1951 por aviadores que no estuvieron afectados al proyecto y no eran pilotos de prueba. La Fuerza Aérea designó a dos de los mejores pilotos de los cazas Gloster para probar el Pulqui II, el capitán Vedania Manuwal, hijo de inmigrantes indios, y su comandante Carlos Adolfo Soto.

El libro de vuelos registra no menos de veintiocho vuelos de prueba del segundo prototipo entre el 23 de octubre de 1950 y el 31 de mayo de 1951 (Wagner, 1998). Este último día, el comandante Soto lo había volado por la mañana, notando fuertes vibraciones cuando se acercaba a los mil kilómetros por hora de velocidad, por lo que Tank decidió sacar el avión de servicio (Marino, 2000). Sin embargo, después del almuerzo, el capitán Manuwal insistió en volarlo, por lo que se le aconsejó que no realizara maniobras forzadas, como pasadas rápidas, restablecidas o virajes bruscos. Manuwal se estrelló y murió. Los restos del avión y su piloto fueron encontrados en una zona próxima al camino a Los Molinos, al sur de la FMA. El fuselaje se encontraba separado de las alas y el cuerpo del piloto estaba sujeto al asiento eyector. Comprobaciones posteriores encontraron rotos los pernos de fijación del ala al fuselaje.

Este incidente se guardó en el máximo de los secretos. Sin embargo, marcaría la suerte de la opinión de los pilotos de la Fuerza Aérea sobre el aparato. La mayoría de los pilotos prefería pilotar aviones importados.[7]

---

[7] El rol del piloto de la Fuerza Aérea se situaba necesariamente lejos del apoyo a los productos de la FMA, aun cuando la variable política no tiñera la relación. Dice San Martín (h) en una entrevista: "Los pilotos [de la Fuerza Aérea] nunca fueron amigos de la fábrica de aviones. ¿Por qué? [...] Porque les interesaba mucho ir a buscar un avión a Inglaterra o a Estados Unidos. Se pasaban un año de comisión allá, volando y cobrando buenos viáticos, y después volvían. Era distinto a ir a buscar un avión a la fábrica de Córdoba" (Córdoba, 20 de mayo de 2003).

Además, un creciente malestar se extendió entre la oficialidad intermedia a partir de 1952. Como respuesta, las tentativas del Poder Ejecutivo de reemplazar la subordinación de orden constitucional de los oficiales de las Fuerzas Armadas al jefe de Estado por la lealtad al liderazgo de Perón se hicieron todavía más explícitas: la doctrina justicialista fue incorporada a los programas de las escuelas militares y las promociones fueron producto más de la fidelidad individual que de la competencia profesional.

El Pulqui II empezaba a conocerse como "Pulquiría" (Torre, 2002).

Concluida la experiencia fallida de la prueba del avión por pilotos de la tropa, se intentó una nueva estrategia. Rápidamente se iniciaron los trabajos del tercer prototipo, que fueron completados en septiembre de 1952. Tank realizó la prueba en vuelo el 23 de ese mismo mes.

En la nueva versión se modificó una vez más el timón de dirección con el fin de dar solución a las fuertes oscilaciones observadas antes del accidente de Manuwal. Se aumentó la superficie y cuerda del timón y se alargó en consecuencia el carenado superior de la tobera de escape. También se incorporaron innovaciones para controlar el avión a altas velocidades. Se le instalaron frenos aerodinámicos (frenos de picada) ubicados en ambos lados de la cola. Consistían en dos placas semicirculares con ranuras. En vuelo a altas velocidades se desplegaban hacia fuera en forma de abanico produciendo un fuerte efecto de frenado (Marino, 2000). Además, el tercer prototipo incorporó un tubo pitot en la puntera del ala izquierda y tres parantes separadores en la cubierta transparente de la cabina.

El 9 de octubre de 1952, el piloto alemán Otto Behrens estaba preparando las rutinas de vuelo, que incluían acrobacias, para una nueva exhibición ante el presidente Perón. Luego de un vuelo rasante sobre la pista de la FMA, Behrens trepó hasta unos ochocientos metros y dejó caer el avión en una barrena de cola sin margen suficiente para enderezar el aparato, que se estrelló contra el suelo y se llevó la vida de su tripulante en forma instantánea.

En camino hacia la obsolescencia

El cuarto prototipo del Pulqui II fue terminado y probado en vuelo durante 1953. Se incorporaron modificaciones para extender su autonomía. Un ala tanque le permitió incrementar la cantidad de combustible y su radio de acción llegó a más de dos mil kilómetros. Además se le incorporaron barreras de capa límite en la cara superior de las alas y dos canalizadores a cada lado en la parte superior del fuselaje. Se le instalaron cuatro cañones, cabina presurizada y cámaras para el registro de los ensayos en vuelo. Para mejorar el control del avión a altas velocidades se homogeneizaron los mandos, con excelentes resultados.

Con el cuarto prototipo concluía la accidentada etapa de diseño y desarrollo y era posible iniciar la producción de una serie corta. Sin embargo, en cuatro años la situación del país había cambiado.

La producción de aviones en flecha de alto rendimiento implicaba, entre otros conocimientos, el manejo y la producción de aleaciones de aluminio, tecnología que la Argentina no dominaba. Muchos ingenieros argentinos pensaban que era preferible trabajar en tecnologías más maduras y avanzar sobre "paso firme". Ya no era prioridad la fabricación de armas debido a la debilidad de la hipótesis de una tercera guerra mundial y sí se necesitaban maquinaria liviana y bienes intermedios. Para satisfacer la logística de la producción en serie del Pulqui II se requería garantizar la provisión de un importante número de motores a reacción, así como nuevas máquinas de ensamblaje de partes de aluminio y accesorios que tampoco se producían en el país, como era el caso de los novedosos asientos eyectables.

Tras el golpe de 1955, IAME fue reorganizada y rebautizada como Dirección Nacional de Fabricación e Investigación Aeronáutica (DINFIA).

Precisamente en la jornada de la caída del presidente Perón, en septiembre de 1955, el Pulqui II volvió a protagonizar un confuso episodio. Una vez que el control de las guarniciones de la Fuerza Aérea en Córdoba estuvo en manos de representantes de la "Revolución Libertadora", se organizó un desfile aéreo sobre las avenidas General Paz y Vélez Sársfield, en la propia ciudad de Córdoba. Encabezó la demostración el cuarto prototipo del Pulqui II, comandado, sin experiencia previa ni preparación, por el entonces capitán Jorge Suárez (Marino, 2000). Cabe preguntarse si se trató de la apropiación del valor simbólico de una expresión acabada del poder tecnológico, o bien, que los partidarios del golpe de Estado aprovecharon para demostrar la pérdida del poder de un símbolo del régimen peronista.

En diciembre de 1955, el nuevo comandante en jefe de la Fuerza Aérea, brigadier Ahrens planteó ante la Dirección de Planificación de la Fábrica Militar de Aviones dependiente de la DINFIA la necesidad de reemplazar los I. Ae. 24 Calquín, que se encontraban al final de su vida útil y, además, habían sido fuertemente rechazados por los pilotos durante el período peronista. De hecho, en algunas guarniciones, los Calquines –aviones de madera– fueron hachados.

Las autoridades de la DINFIA respondieron al requerimiento prometiendo la entrega de cien Pulqui II en un plazo de cinco años. Ahrens rechazó la propuesta con el argumento de que los Calquines debían reemplazarse inmediatamente. Se optó, entonces, por la compra de aviones Sabre F-86 norteamericanos, que fueron provistos recién cinco años más tarde.

Esta decisión terminó de desmoralizar al equipo de diseño, que se dispersa. Kurt Tank se dirige a la India, contratado por la firma Hindustan, donde termina el desarrollo de un proyecto iniciado en Córdoba, el que sería el Pulqui III, denominado finalmente HF-24 Marut, un caza birreactor de tercera generación, es decir, supersónico.

Hacia 1956, la mayoría de los técnicos y científicos alemanes ingresados en la Argentina a fines de la Segunda Guerra Mundial se había ido del país. Algunos, a Alemania; otros, con Tank, a la India, y muchos, a Estados Unidos. Hans Multhopp viajó especialmente a la Argentina a reclutarlos para compañías como Martin, Republic, Boeing, Douglas y otras.

Las nuevas autoridades de la FMA y de la Fuerza Aérea Argentina se resistían a continuar con el programa Pulqui II. Sin embargo, los integrantes del equipo conformado por los pilotos de prueba y los técnicos estaban dispuestos a demostrar la valía del avión y así forzar una decisión favorable de las autoridades. Esta decisión parecía factible, ya que la Argentina no había accedido todavía a aviones de caza *jet* de segunda generación (cuando ya estaba en marcha la tercera generación, de aviones supersónicos).

De manera que se planificó un vuelo que simulara una situación real de combate con la carga máxima de combustible y con munición para sus cuatro cañones. El avión debía salir de Córdoba con el objetivo de "atacar" la Base Aérea de Morón, provincia de Buenos Aires. A cargo de la misión estuvo el capitán Rogelio Balado, piloto de pruebas comprometido con el proyecto desde 1953 (Marino, 2000).

El avión fue trasladado al aeropuerto de Córdoba, desde donde partió en vuelo; la pista de la FMA era pequeña para el carreteo del Pulqui II con un peso de seis toneladas y media.

El 9 de noviembre de 1956, luego de aproximadamente cuarenta minutos de viaje, Balado se lanzó en picada sobre su objetivo desde los once mil metros. Hizo tres pasadas de tiro con cañones a baja altura. Pero una falla en el abastecimiento de oxígeno provocó en Balado un estado de hipoxia que se manifestó en excitación y euforia. En estas condiciones, el aterrizaje fue muy brusco y el piloto salvó la vida gracias a que utilizaba un casco de nueva tecnología. El avión quedó destruido en un sesenta por ciento (Marino, 2000).

Durante la presidencia de Arturo Frondizi (1958-1962) se inicia el armado del quinto y último prototipo del Pulqui II, ya sin la presencia del equipo de diseño. El primer vuelo se realiza el 18 de septiembre de 1959. El piloto de pruebas fue el primer teniente Roberto Starc. La falta de repuestos hizo cada vez más difícil el mantenimiento del avión, por lo que se lo hizo volar pocas veces y sin sobrepasar nunca los setecientos kilómetros por hora.

En mayo de 1960, el quinto y último prototipo del Pulqui II llegó a Buenos Aires para ser exhibido en la exposición del sesquicentenario de la Revolución de Mayo. A su regreso a Córdoba fue desarmado y confinado a una barraca hasta que el 14 de febrero de 1964 se lo instaló en el Museo Nacional de Aeronáutica, donde se encuentra hasta el día de hoy.

4 | El Bandeirante: la apuesta brasileña que condujo al surgimiento de un gigante tecnológico

Desde 1928, la Fábrica Militar de Aviones (FMA) de la Argentina había marcado la vanguardia de la fabricación de aeronaves en la región latinoamericana. Durante las décadas de 1940 y 1950 desarrolló tecnologías innovadoras por transferencia de técnicos alemanes, franceses e italianos, con el Pulqui II como expresión máxima del avance hacia la frontera tecnológica.

Por su parte, no fue sino hasta 1969 cuando el Estado brasileño fundó Embraer. En la década de 1980, la empresa se puso al corriente mediante la fabricación de modelos y, luego de su privatización en 1994, se convirtió en una de las grandes productoras mundiales de *jets* comerciales.

Nuevamente nos preguntamos: ¿qué justifica que la FMA, luego de haber acumulado conocimientos, tecnologías y experiencia durante décadas no haya podido consolidarse como una empresa competitiva? ¿Cuál es la sucesión de hechos que desencadenaron los caminos casi opuestos de los emprendimientos argentino y brasileño?

FMA y Embraer, ambas empresas estatales que fueron privatizadas en la década de 1990, si bien corrieron suertes muy distintas forman parte de una trayectoria de aprendizaje, un camino que sirvió para la formación de un nuevo tipo de emprendedores en los mercados emergentes (Goldstein, 2001).

Las empresas que tienen sus orígenes en países en desarrollo pero cuyos modelos de negocios les permiten competir con compañías *world-class*[1] son denominadas "gigantes emergentes". Según Khanna y Palepu (2005), la construcción de un "gigante emergente" requiere un entendimiento profundo del medio en el que los emprendedores arman sus empresas, lo que constituiría una ventaja de mayor relevancia que el acceso a los mercados de crecimiento más dinámico y las fuentes de recursos de bajo costo que se les suele atribuir. Cuando estos autores estudian quiénes son los emprendedores nativos que están detrás de las compañías, identifican a aquellos que pueden manejarse con mayor habilidad entre las fallas de mercado y los problemas institucionales. Su innovación se encuentra en sortear las barreras que impiden la normal actividad económica. Esta actividad es habitualmente acometida con éxito por las empresas locales antes que por las multinacionales de mercados maduros.

Khanna y Palepu piensan que tiene sentido identificar estrategias que no son específicas de las industrias, sino de los problemas institucionales de las economías en cuestión. Sin embargo, el caso de Embraer y otras empresas que no basan sus ventajas en los mercados domésticos implican conocer los orígenes de cada industria y la naturaleza de los nuevos emprendedores, de sus modelos de negocios y de la innovación que alcanzaron. Estrategias específicas de una industria para un contexto específico (Adler, 1987).

Los "gigantes emergentes" tecnológicos, como Embraer, son el producto de la acción de emprendedores que conquistaron ventajas distintivas mediante

---

[1] Concepto que se utiliza desde la década de 1980 para identificar aquellas empresas que aplican estrategias de mejora de la productividad, como el sistema de producción creado por Toyota.

innovaciones tecnológicas de matriz local. Los orígenes de los emprendimientos aeronáuticos latinoamericanos permiten entender mejor no sólo la naturaleza de las innovaciones sino también el origen de los emprendedores tecnológicos en países emergentes.

Los proyectos Pulqui I, diseñado por el ingeniero francés Émile Dewoitine, y Pulqui II, diseñado y dirigido por el ingeniero profesor alemán Kurt Tank, le dieron al Instituto Aerotécnico la capacidad de alcanzar tecnologías de vanguardia (*state-of-the-art technologies*) (Conradis, 1960; Wagner, 1998). En particular, el Pulqui II fue un proyecto de avanzada comparable a los mejores *jet fighters* de la época, como el norteamericano Sabre F-86 y el soviético el MiG-15. Pero la fabricación en serie de esta aeronave se pospuso hasta resolver –en principio– los problemas de abastecimiento de suministros que la Argentina tenía debido a la crisis de la balanza comercial (Gerchunoff y Antúnez, 2002).

Por otro lado, en los inicios de la Guerra Fría, tener la última tecnología militar y no ser una de las dos potencias, más que una posibilidad de "destrucción creativa" guiada por un emprendedor, era un callejón sin salida, aun cuando es sabido que representantes de la fuerza aérea norteamericana se mostraron interesados en la compra del proyecto durante la Guerra de Corea, oportunidad que quedó descartada debido a la ferviente militancia nacionalista de los oficiales argentinos.

La política tecnológica de Juan Ignacio San Martín no se limitó al desarrollo de proveedores para la "movilización industrial" y la construcción de aviones militares, también alcanzó, fuera del núcleo del Instituto Aerotécnico, a industriales que construyeron bajo contrato dos modelos de aviones de instrucción elemental y de uso civil: el Chingolo y el Colibrí. Sin embargo, en el momento de su consolidación, cambió radicalmente los supuestos militares de la independencia industrial y se volcó al desarrollo del mercado automotriz doméstico, con la creación de Industrias Aeronáuticas y Mecánicas del Estado (IAME) en 1952, relegando la industria aeronáutica.

Nunca más se alcanzaron los números de producción en serie que se consiguieron en ese período, ni el grado de autonomía en el desarrollo tecnológico. Si bien hubo modelos exitosos, como el IA-46 Ranquel, el IA-50 Guaraní II y el IA-58 Pucará, sus series fueron cortas y luego de un período de fabricación de aeronaves de uso civil a principios de los sesenta, se volvió a diseñar exclusivamente aviones de uso militar.

La fábrica de aviones argentina nunca pudo exportar una sola aeronave. No existió un modelo de negocios que la hiciera sustentable como empresa. Antes bien, su papel se redujo durante el período de la segunda administración peronista al desarrollo inicial de la fabricación en serie de automóviles, luego continuada por la empresa IKA, y tras la caída de Perón en 1955, a la fabricación de modelos bajo licencia o propios para un único cliente, la Fuerza Aérea Argentina.[2]

Este "exitoso fracaso" argentino fue seguido con cuidado por los oficiales aeronáuticos de Brasil. Sin una experiencia dilatada en la fabricación de aviones, los brasileños tuvieron la oportunidad de extraer de la experiencia argentina lecciones muy valiosas.

En São José dos Campos, un municipio del Estado de São Paulo,[3] se crearon el Instituto Tecnológico de

---

[2] Ver *Revista Nacional de Aeronáutica*, año XXII, n° 241, junio 1962.

[3] Localizado en el Vale do Paraíba, São José dos Campos es considerado el mayor centro de investigaciones en alta tecnología de América Latina en las áreas aeroespacial, automovilística y de telecomunicaciones, material bélico, electroelectrónicos y metalúrgica.

Aeronáutica (ITA), en 1941, y unos diez años más tarde, el Centro Técnico Aeroespacial (CTA), un instituto de investigación y desarrollo, que en 1952 contrató a Henrich Focke –el renombrado ingeniero aeronáutico alemán, cofundador de la compañía Focke-Wulf– junto con unos cincuenta integrantes de su equipo de diseño (Ghemawat, Herrero y Monteiro, 2000).

El intento de poner en marcha una fábrica de aviones se concretó dos décadas más tarde, en 1969. Embraer (Empresa Brasileira de Aeronáutica S. A.) fue fundada por el Estado brasileño, concebida inicialmente para la fabricación en serie del avión Bandeirante y con el propósito de aprovechar la combinación positiva de los recursos de una empresa estatal, tanto financieros como tecnológicos, con la agilidad de una empresa privada.

La visión del presidente de la compañía, Ozires Silva, graduado del ITA y oficial de la Fuerza Aérea de Brasil, fue fundamental. Mediante la continuidad de su gestión se aseguró el rumbo de la organización (Silva, 2005). Esto fue casi un imposible en el caso argentino, en el cual la presidencia del organismo estuvo siempre sujeta a una concepción política de la dirección de la organización y los cambios de mando se ejecutaron al ritmo del cambio político.[4]

El decreto presidencial de la creación de la empresa establecía que el Estado de Brasil controlaría el cincuenta y uno por ciento de las acciones. También garantizaba la compra de sus productos por parte de las agencias estatales y la exención de impuestos a los insumos y aeropartes importados. Además, las empresas brasileñas podrían invertir hasta el uno por ciento del total de los impuestos federales anuales en acciones

[4] Ver *Revista Nacional de Aeronáutica*, año XXII, n° 241, junio 1962.

de la compañía. Este mecanismo permitió a Embraer recaudar un total de trescientos cincuenta millones de dólares entre 1970 y 1985 (Silva, 1998).

Los primeros productos de Embraer tuvieron una marca de origen. Si bien en la empresa se desarrollaban aviones militares, no se descuidaron de satisfacer necesidades de mercado. Los primeros modelos incluyeron el Xavante, en 1971, un entrenador *jet* ensamblado bajo licencia de la compañía italiana Aermacchi para la fuerza aérea brasileña; el Ipanema, un avión fumigador cuya producción en serie comenzó en 1972, y el Bandeirante, en 1973, un bimotor turbohélice, válido tanto para tareas civiles como militares.

El Bandeirante vendió más de quinientos ejemplares. Esta marca de fabricación en serie para un solo modelo no fue la única en la que la experiencia argentina se vio superada. El Bandeirante fue un suceso de ventas en el exterior. Las primeras exportaciones fueron a Uruguay y Chile, pero con la aparición de nuevas necesidades de los operadores regionales en el mercado que se estaba desregulando en Estados Unidos, rápidamente ganó buenos clientes allí también.

El Bandeirante es un avión general multipropósito, con capacidad para entre quince y veintiún pasajeros, turbopropulsado con dos motores. Un transporte liviano civil y militar. Fue diseñado por el ingeniero francés Max Holste –con Ozires Silva como ingeniero jefe del proyecto–, siguiendo las especificaciones del programa IPD-6504 del CTA en 1965. El primer prototipo del Bandeirante voló el 22 de octubre de 1968.

Prácticas que habían sido sólo esbozadas en la experiencia argentina fueron desarrolladas generosamente por Silva para lograr la mejora del producto. Estas prácticas fueron la cooperación con asociados extranjeros para ponerse al día con las técnicas de producción en serie y la limitación de la integración vertical para desarrollar el eslabonamiento de nuevas empresas brasileñas alrededor de Embraer.

Mediante la negociación de acuerdos de coproducción y de concesión de licencias se reducía la dependencia de la actualización tecnológica doméstica y, además, se ayudaba al ingreso rápido a terceros mercados gracias a la intermediación y la referencia de los asociados. Piper fue uno de ellos.

Las asociaciones con empresas extranjeras, como Aermacchi, beneficiaron la mejora tecnológica de los productos, pero el avance más notable se dio en el aprendizaje de las técnicas de organización necesarias para la producción en serie. En este punto, la experiencia de participar en la cadena de subcontratistas internacionales de Boeing y McDonnell Douglas también hizo su aporte (Goldstein, 2001).

Desde el primer momento se reconoció que era indispensable limitar el grado de integración vertical —para evitar el riesgo de una fragmentación excesiva de las operaciones comerciales, que en Brasil había hecho fracasar intentos anteriores de fabricar aviones—, abriendo la participación en la cadena de empresas privadas nacionales (Bernardes, 2000a).

Como indica Evans (1995), aunque los vínculos del capital eran relativamente débiles, puede estimarse que la industria aeronáutica constituye un buen ejemplo de la "triple alianza" entre empresas transnacionales, empresarios privados nacionales y entidades estatales, que hasta comienzos de los años ochenta dio forma al modelo de negocio en Brasil (Goldstein, 2001). El Bandeirante fue ejemplo paradigmático de esta "alianza" y el arquitecto fue Ozires Silva. El avión tenía la mitad de su valor en piezas importadas, pero representaba la apuesta por aviones que pudiesen operar en condiciones difíciles, que fueran económicos y de fácil mantenimiento. Modernos y rústicos a la vez. En este sentido, se puede decir que el diseño del producto evidenciaba la intención de Silva de hacerse fuerte en un segmento en el cual un país como Brasil tenía ventajas comparativas. La apuesta de la estrategia de márketing del emprendedor fue ofrecer un avión confiable para las condiciones imperantes en regiones y países atrasados. Los aviones con motores de turboventilación son menos poderosos que aquellos a reacción y tienen alas más anchas, pero, en compensación, requieren pistas de menor longitud y consumen menos combustible (Silva, 1998).

Los primeros Bandeirantes salidos de la línea de montaje fueron entregados a la Fuerza Aérea Brasileña (FAB) en enero de 1973. Luego, los primeros aviones para uso civil fueron utilizados por la compañía Transbrasil. El Estado favoreció la creación de otras aerolíneas mediante una ley en 1975 que dividió rutas internas de Brasil en áreas geográficas. Otros compradores iniciales fueron las grandes empresas estatales y los gobiernos federales.

Quizá debido a la fama del diseñador francés del avión, los Bandeirantes fueron adquiridos en 1977 por varias compañías regionales francesas, tales como Air Littoral y Brit Air. Otro mercado europeo que resultó sensible al producto fue el Reino Unido. Se trataba de las nuevas aerolíneas de tercer nivel que cubrían las necesidades de transporte del emergente mercado petrolífero del Mar de Norte, como Air Ecosse y otras.

En 1978, un operador del estado de Florida decidió comprar tres Bandeirantes y obtener la certificación necesaria de la Federal Aviation Administration. En mayo de 1979, los poseedores estadounidenses del Bandeirante comprendían Wyoming Airlines con tres aviones, Mountain West Airlines (Idaho) con cuatro, y Trans Mountain Airlines (Colorado), con otros tres. En octubre de 1979, Embraer creó una subsidiaria norteamericana, Embraer Aircraft Corporation (EAC), en Fort Lauderdale, estado de Florida, con el propósito de concentrar los esfuerzos de promoción y ventas en ese país, y ofrecer soporte técnico a los nuevos clientes.

El mercado de aerolíneas *commuter* (o regionales) creció de forma explosiva gracias a la mayor demanda de los usuarios y a las nuevas prácticas flexibles de la industria del transporte aéreo norteamericano. Una de las tácticas utilizadas por las pequeñas aerolíneas fue moverse en el territorio a fin de aprovechar estacionalidades. Tal fue el caso de Provincetown-Boston Airlines, que en verano cubría rutas en el triángulo formado por La Guardia (Nueva York) en el sur, Burlington (Vermont) en el norte, y comunidades menores tales como Martha's Vineyard, Hyannis y Nantucket, en los alrededores de Boston, y en la temporada invernal trasladaba sus quince Bandeirantes a Florida y operaba desde Miami y Tampa a destinos como Sarasota y Daytona Beach.

Con el Bandeirante –o "Bandit", como se lo denominaba en el mundo anglosajón–, la empresa brasileña Embraer llegó a capturar el cuarenta y seis por ciento del mercado norteamericano de aviones *commuter* turbopropulsados, superando al líder local, Fairchild. Ya para diciembre de 1984, veintidós líneas aéreas *commuter* de Estados Unidos volaban ciento treinta Bandeirantes, modelo que Embraer también exportaba a otros veinticuatro países.

En 1985, Embraer lanzó el Brasilia, un avión de treinta pasajeros turbohélice con cabina presurizada, igualmente apreciado por las aerolíneas, por lo que la serie alcanzó en 1999 el número de trescientos ejemplares. Por lo tanto, antes de la privatización, ocurrida en diciembre de 1994, Embraer ya había fabricado series generosas de varios modelos y había penetrado el mercado norteamericano (Goldstein, 2001).

Epílogos

I. Sobre un fracaso "exitoso"

La historia del Pulqui II se presentó aquí intentando responder algunas preguntas simples, como por qué el proyecto nunca pudo alcanzar la producción en serie y qué justificó que, sin embargo, se hayan ensayado prototipos por diez años.

Las acciones que llevaron al estancamiento del proyecto responden a dos fuerzas en tensión. Por un lado, la persistencia por la continuidad de un proyecto aun cuando existieran serias dudas acerca de su concreción, la lógica del emprendedor. Por otro, las resistencias a la innovación de la economía del capitalismo periférico, en tanto ésta sólo brindaba oportunidades de desarrollo a los emprendedores que apostaban a la producción de bienes de bajo valor agregado para el mercado interno. Esta conducta poco innovadora de los empresarios de la primera sustitución se observa en la respuesta del importante empresario Ballester Molina rechazando por inviable la invitación del brigadier San Martín a formar parte de los proveedores de la Fábrica Militar de Aviones (FMA).

No obstante los esfuerzos de diversos actores involucrados, para el Pulqui II la ventana de oportunidad se cerró rápidamente –sobre todo, por la crisis de crecimiento de la economía que se inició en 1949 y se hizo evidente en 1951– y los esfuerzos no alcanzaron para desplegar el valor industrial de los prototipos.

Los problemas técnicos del proyecto, en especial los derivados del diseño en flecha, provocaron problemas con los pilotos de la Fuerza Aérea Argentina. Los problemas organizacionales, los enfrentamientos entre pilotos y técnicos argentinos, por un lado, y alemanes, por el otro, hicieron que la tecnología alemana no derramara en los grupos de ingenieros argentinos.

El papel del emprendedor tecnológico desempeñado por José Ignacio San Martín fue clave. Él mismo dejó el proyecto Pulqui II a su suerte para dedicarse a temas tecnológicos más "mundanos". Luego de su experiencia como gobernador de la provincia de Córdoba, la puesta en marcha de la industria automotriz pasó a ocupar el primer lugar en su agenda.

Los factores que generaron inestabilidad en la alianza de los actores involucrados, que se añadieron a los de la crisis de crecimiento y el "alejamiento" de San Martín, fueron definitorios. Si bien estaba claro que la fabricación del avión no coincidía con las prioridades del gobierno nacional en materia económica y de política tecnológica, al interior de la red local de soporte del proyecto ocurrieron eventos que manifestaron aún más tensiones.

Por un lado, la creciente desconfianza de los pilotos argentinos, futuros usuarios de los Pulqui II de serie, hacia el modelo. Por otro, las tensiones propias de los roces de la nueva comunidad de practicantes de la tecnología radical del turbo *jet* y del avión en flecha con el líder del proyecto, el alemán Kurt Tank. Sin usuarios ni desarrolladores, el proyecto ya estaba herido de muerte en 1953.

Las comunidades encabezadas por Tank y Horten corrieron la misma suerte. Enfrentadas en los aspectos de la práctica tecnológica y, por consiguiente, en el alcance de los problemas a resolver (tradiciones de testeabilidad, formas de organizar el diseño y la producción, y opciones políticas), ninguna de las dos logró colocar sus proyectos en la línea de producción.

Pero las tensiones entre grupos no sólo quedaron circunscriptas a los alemanes. Muchos ingenieros argentinos también recelaron del liderazgo de Tank. Un caso destacado fue el de Ricardo Olmedo, uno de los profesionales más prestigiosos de la FMA, quien aseguraba que el sistema de trabajo propuesto por Tank había impedido el desarrollo tecnológico argentino. Olmedo decía que el grupo alemán era muy cerrado y sus trabajos no trascendían al resto de la factoría. En el mismo sentido, las labores del grupo local tampoco llegaban a los extranjeros. Esta separación, según Olmedo, evitó una transferencia mayor de tecnología.

La indiferencia entre locales y foráneos deja traslucir, más allá de la particular organización del trabajo dispuesta por las huestes de Tank, una fuerte dosis de egoísmo de los argentinos. Para muchos, los alemanes habían venido "de arriba" y se habían convertido en un obstáculo para sus pretensiones de ascender en el escalafón de la FMA. Pero hay que reconocer que la mayoría de los técnicos locales no estaba lo suficientemente capacitada para insertarse en un equipo de trabajo como el de Tank, integrado por los más destacados hombres de la actividad en el mundo.

Hasta la llegada de los alemanes, en la Argentina se trabajaba en base a conocimientos muy primitivos. El aporte extranjero quedó rubricado por decenas de ensayos en los que se efectuaban modelos de vuelo libre en escala, pruebas que eran filmadas a través de todo su recorrido. También en los estudios con planeadores, fundamentales para identificar características de vuelo a baja velocidad, y el análisis de las estructuras.

Por otra parte, la superioridad tecnológica alemana era evidente en el conocimiento de formas más avanzadas de producción y fabricación. Un ejemplo claro de ello son las soldaduras. En Alemania, este proceso era una ciencia establecida, que se enseñaba en las universidades especializadas. Aquí, los obreros soldaban como a ellos les parecía, sin preparación de ningún tipo. Los argentinos privilegiaban que la soldadura fuera estética a la vista. Los alemanes, en cambio, las cortaban para mirarlas por dentro, chequeando que estuvieran bien insertas en el material y que no contuvieran ceniza o basura.

En cierto sentido, el fracaso del Pulqui II se puede explicar como el fracaso de la innovación radical dentro del modelo de desarrollo para la defensa. Se trata de un callejón sin salida. Al cambiar el paradigma del desarrollo tecnológico, el Estado introduce tecnologías civiles en el mercado interno apostando de nuevo a la innovación incremental.

El fin del proyecto Pulqui II es el comienzo de la transición hacia el segundo período de la industrialización por sustitución de importaciones que se data en 1957 (Kosacoff, 2010). A modo de metáfora: tuvo que morir el Pulqui II para que naciera el Torino. En cierta forma se trató de un fracaso "exitoso". San Martín se apalancó en la crisis de crecimiento de 1949 para volver sobre sus pasos. Del estudio de las maderas locales para construir los fuselajes y la adaptación de los motores radiales aeronáuticos pasó paradójicamente a ser pionero de la industria automovilística latinoamericana, creando Industrias Aeronáuticas y Mecánicas del Estado (IAME) y dando el ingreso a Industrias Kaiser Argentina (IKA). En este cambio de paradigma, el Pulqui II sirvió de bisagra para la historia tecnológica de la Argentina y fue el disparador de la segunda industrialización por sustitución de importaciones. El Torino primero, los Ford Falcon y Taunus después y hasta el Fiat Palio fueron el símbolo de la innovación posible (Katz, 2007). Ahora bien, ¿siempre debería ser así? ¿El capitalismo periférico está condenado a proyectos tecnológicos de menor envergadura?

II. Tecnología local, innovación global

Desde 1928, la Fábrica Militar de Aviones de la Argentina (FMA) marcó la vanguardia de la fabricación de aviones en la región latinoamericana. Durante las décadas de 1940 y 1950 desarrolló tecnologías innovadoras por transferencia de técnicos alemanes, franceses e italianos. El Estado brasileño fundó Embraer en 1969, empresa que, luego de la privatización en 1994, se convirtió en una de las grandes productoras de *jets* comerciales.

Ambas empresas estatales corrieron suertes muy distintas. ¿Qué justifica que la FMA, después de haber acumulado conocimientos, tecnologías y experiencia durante décadas, no haya podido consolidarse como una empresa competitiva? ¿Cuál es la sucesión de hechos que desencadenaron los dos caminos casi opuestos de las empresas argentina y brasileña? ¿Qué papel juega la tecnología y cuál la innovación en estos dos caminos?

Se postula aquí que la exitosa experiencia brasileña, a diferencia de la argentina, pudo aprovechar la oportunidad de un tiempo único entre las décadas de 1970 y 1990, período en el que coinciden el fin de la Guerra Fría y el comienzo de la globalización y durante el cual Brasil pudo balancear dos fuerzas contradictorias: el impulso nacionalista para absorber y desarrollar nuevas tecnologías y la apertura hacia mercados externos que le dieron a Embraer la escala necesaria que sólo pueden dar los clientes de plazas globales.

La línea de estudio sobre los "gigantes emergentes" afirma que los nuevos conglomerados nacidos en países emergentes desarrollan sus ventajas en sus medios de origen funcionando como intermediarios con las instituciones locales y luego las ponen en valor en los mercados globales. Cuando Khanna y Palepu estudian a los emprendedores locales implican dos cosas: que las multinacionales atesoran ventajas competitivas basadas en la innovación tecnológica que no pueden usar en mercados emergentes y que los gigantes emergentes en general no son innovadores tecnológicos y, por consiguiente, tienen pocas posibilidades de ganar mercado en países desarrollados. Pero, ¿qué pasa cuando el sentido es inverso, cuando un emprendedor local sí dispone de una ventaja competitiva basada en la innovación tecnológica y sí es competitivo en mercados maduros?

La actividad de los emprendedores aeronáuticos latinoamericanos estuvo mucho más dedicada a lo técnico que a lo institucional. Si bien, como señala McCraw (2006), Schumpeter dijo que en el mundo real de los negocios "nadie es un emprendedor todo el tiempo y nadie puede ser sólo un emprendedor" (*"nobody ever is an entrepreneur all the time, and nobody can ever be only an entrepreneur"*), el mundo de los emprendedores en la aeronáutica latinoamericana no fue el de los problemas legales e institucionales.

Considerando el logro del Bandeirante, puede decirse que Ozires Silva se acerca más al papel del emprendedor clásico, que supo aprovechar una pequeña "ola de destrucción creativa", en términos de Schumpeter, y surfearla con maestría frente a una encarnizada competencia, alcanzando el *momentum* del sistema tecnológico del cual se ocupa Hughes (1993).

La naturaleza de la innovación del Bandeirante habla del tipo de actividad de innovación que los emprendedores latinoamericanos y de otras regiones emergentes pueden y están explotando. No se trata de descubrimientos tecnológicos que inician "olas de destrucción creativa" que arrasan con tecnologías anteriores, corriendo así la frontera del desarrollo. No se trata de la definición clásica de un cambio técnico mayor, un conocimiento tecnológico universal. Estamos frente a oportunidades nuevas relacionadas con cambios en los consumidores. Una definición más moderna de la innovación, como un cambio de conducta de los consumidores en el uso de la tecnología. El mercado del transporte aéreo *commuter* exigió a las fábricas aviones más pequeños y rústicos, con capacidad de adaptarse a condiciones de aterrizaje precarias. Los fabricantes más importantes no vieron en estos mercados interés económico alguno. Embraer coincidió con esta innovación cuando desarrolló un producto para sus propias necesidades. Tuvo una aproximación a la innovación tecnológica no tradicional en la industria aérea. Además, para cuando maduró el producto, dispuso de sistemas tecnológicos avanzados para poder desarrollarlo.

La combinación de la provisión de un mercado interno (militar y civil) en forma monopólica con la apertura de mercados externos permitió la sustentabilidad del modelo brasileño. Pero para aprovechar las oportunidades, Embraer desarrolló un modelo de negocios nuevo basado en innovación de producto con transferencia de tecnología de diseñadores consagrados extranjeros y en innovaciones en la forma de ingresar en los mercados globales, mediante asociaciones con empresas europeas y norteamericanas.

Ante estas oportunidades de innovaciones abiertas a países emergentes, ¿por qué sí pudo Brasil y no

Argentina? Argentina hizo su actualización con diseñadores extranjeros, entonces, de haber continuado con el desarrollo de la industria aeronáutica, ¿podría haber participado en la explotación de estas oportunidades? ¿Cuáles fueron las características necesarias para la aparición de los emprendimientos tecnológicos emergentes?

Se puede decir, de acuerdo con Adler (1987), que Argentina y Brasil tuvieron en sus industrias aeronáuticas una demostración del poder de la ideología. La ideología nacionalista de reducción de la dependencia fue el principal motor de la instalación de complejos fabriles aeronáuticos de propiedad estatal. Por lo tanto, no es casual que tanto Arteaga, como San Martín y Silva fueran militares. No obstante, los tres participaron en "olas de destrucción creativa" e inclusive en el caso de Silva, quien tuvo que lidiar con problemas institucionales en mercados externos, su principal motivación no fue el beneficio sino el logro técnico.

La transferencia, el crecimiento, la competición y la consolidación del sistema tecnológico de la aeronáutica en América Latina ocupó a emprendedores de una naturaleza menos heroica que la del inventor, como los *managers* y los ingenieros. Arteaga, San Martín y Silva cumplieron esos papeles.

De formación militar y trabajando como ingeniero en una empresa estatal, la motivación tenía que ver más con el saberse capaz del logro. En tal sentido, estos emprendedores se alejan del ideal schumpeteriano de la búsqueda de la perpetuación del monopolio tecnológico. Por el contrario, son luchadores en contra del monopolio tecnológico. No son muy distintos a los actuales desarrolladores de *open source* de la industria del *software*. Son como ejemplos tempranos de la actual ética *hacker* del trabajo. En términos sociológicos, son actores encargados de la apertura de las cajas negras de la tecnología.

Ahora bien, los emprendimientos en Argentina y Brasil se diferenciaron en sus experiencias. No sólo difirieron en el período histórico en el cual se desarrollaron sino también en el tipo de objetivos que persiguieron. El tipo de consenso ideológico logrado en cada uno de los casos determinó objetivos diferentes de las organizaciones.

Un consenso prematuro e inestable en la Argentina, y no su ausencia, como se podría suponer, fue lo que dio lugar a una gestión errática de la FMA. Un consenso inicial durante los períodos posbélicos permitió hacer experiencias de desarrollo semiautónomo. Sin lugar a dudas, el rediseño de motores y de fuselajes constituyó un desafío sorteado con éxito. Pero quedó una materia pendiente. Tanto el motor como el fuselaje no constituían tecnologías avanzadas, eran apenas buenas copias con algunas innovaciones. Aun cuando se trataba de una industria que había alcanzado su *momentum*, la situación de aislamiento durante la Segunda Guerra Mundial provocó, con voluntad o no, un escenario de obligada autonomía en el aprendizaje. La absorción de conocimiento tecnológico se limitó a innovaciones secundarias que no permitían alcanzar la frontera tecnológica.

En particular con el proyecto Pulqui II se alcanzaron niveles de excelencia y de transferencia de tecnología jamás soñados. Pero este "Prometeo" hizo visibles las debilidades de un país periférico para hacer pie en el cambio de paradigma de la revolución *turbojet*. Frente a las demandas del mercado interno del período sustitutivo, el esfuerzo de absorción de nueva tecnología cedió y el Estado se vio presionado a satisfacer un modelo tecnológico maduro. En forma creciente, a medida que se sucedió el proceso de globalización, los militares que manejaron la fábrica mantuvieron la operación pequeña y cada vez más refugiada en la producción de aeronaves militares. Ni su apertura hacia aeronaves de uso civil ni la apertura del capital fueron estrategias posibles. Se mantuvieron dentro del paradigma de la producción doméstica.

Embraer, por el contrario, sumó a sus objetivos nacionalistas metas de sustentabilidad económica. A diferencia de San Martin o Arteaga, Silva gozó de largos períodos de estabilidad institucional que aseguraron una gestión sin interrupciones por casi veinticinco años. Fue un consenso diferente que se mantuvo en el tiempo y que se presentó flexible a los cambios del entorno. La exitosa experiencia brasileña, a diferencia de la argentina, le dio al emprendimiento tecnológico un diseño organizacional que contemplaba balancear dos fuerzas contradictorias: el impulso nacionalista para adoptar, absorber y desarrollar nuevas tecnologías para la defensa, por un lado, y la actualización de la función de márketing mediante la apertura sistemática hacia mercados externos, por otro. En la persecución de estos dos objetivos, la empresa formuló un modelo de negocios original para su internacionalización. En la medida en que fue profundizando el desarrollo de este modelo se hizo más comercial, sin desmilitarizarse.

Esta última etapa se realizó plenamente cuando la empresa se privatizó. Una nueva generación de emprendedores, representada por Mauricio Botelho, fue la encargada de la etapa que Hughes identifica como de "competición y consolidación". Consolidó y maduró los productos y desplegó nuevas innovaciones de tipo financiero que pusieron a Embraer a la altura de las grandes constructoras de *jets* comerciales como Boeing y Airbus (Bernardes, 2000b).

En síntesis, los emprendimientos tecnológicos emergentes en el nuevo capitalismo suponen la existencia de una oportunidad en el mercado global clara y objetiva que pueda ser aprovechada, dado que el mercado doméstico no es un objetivo porque no presta la masa crítica necesaria para realizar el esfuerzo de desarrollo. Entonces, como el retorno por el esfuerzo no es evidente, los emprendimientos tecnológicos nacen muy alejados del papel de emprendedor clásico. Se trata de una ética colectiva de apropiación de la tecnología de ideología antimonopólica característica del capitalismo avanzado. Una vez alcanzada cierta madurez tecnológica, es cuando los emprendimientos pueden configurar modelos de internacionalización de negocios, mediante la actualización o creación de la función de márketing. Esta misma ética colectiva funcional al desarrollo endógeno se convierte en la motivación principal para la exportación de tecnología desde un país emergente.

La experiencia de Embraer permite visualizar la función de la transferencia de tecnología clásica dentro del proceso más general de la innovación tecnológica en la periferia capitalista. Queda claro que luego de la decisión de incorporar al diseñador francés no se agotaron todas las formas de transferencia de tecnología, ni que todos los aprendizajes derivaron de las transferencias. Hubo un proceso de apropiación que le siguió al de transferencia. ¿Cuáles son, entonces, las vías alternativas por las cuales estas inmigraciones de técnicos fueron aprovechadas? ¿Qué otros caminos de apropiación existieron? ¿Qué papel jugaron estos técnicos inmigrantes? ¿Qué dejó el proyecto Pulqui II además del polo automovilístico en Córdoba?

III. Sobre las transferencias de tecnología y los cabos sueltos

Muchos estudios se han preguntado sobre la efectividad de las transferencias de tecnología mediante la importación de expertos.[1] Como otros investigadores, Hagood (2006), por su parte, ha concluido que la transferencia de tecnología mediante expertos no ha funcionado en estos casos. ¿Qué fue, entonces, Embraer? ¿Acaso una anomalía? Y si pensamos que hay algo más, que las consecuencias indirectas fueron potentes, ¿qué fue, entonces, el proyecto Pulqui II?

Es ingenuo pensar que sólo con la formación del personal especializado podrían lograrse avances en el campo de la transferencia de la tecnología. De hecho, fue recién cuando llegaron las líneas de montaje de Kaiser y otras y las acerías nacionales, conocimiento explícito codificado en máquinas, que se produjo la industrialización con mayúsculas. Sin embargo, el capital intelectual cultivado en las décadas de 1940 y 1950 por los expertos aeronáuticos alemanes e italianos dejó marcas cuando éstos pasaron a formar parte del paisaje local. Puede verse en las escuelas de ingeniería y las escuelas técnicas fundadas en la época. Una trama institucional que dio vida a nuevas generaciones de técnicos e ingenieros con formación local. La extensión de los sistemas educativos dependió del despliegue de comunidades tecnológicas. El liderazgo de San Martín fue determinante en la fundación de las escuelas técnicas en todo el país. Convendría revisar la historia de las instituciones de la formación y la investigación técnica desde una lectura del despliegue de comunidades de práctica tecnológica.

---

[1] Ver Stanley (2004), por ejemplo, quien trabajó precisamente el papel de la inmigración técnica alemana en Argentina y Brasil.

Otra área a indagar es cómo la migración de técnicos ha posibilitado las transferencias indirectas de conocimiento. Hay casos en los que la disponibilidad de expertos facilitó la creación de escuelas informales alrededor de comunidades tecnológicas. Ilustra este fenómeno el caso de Reimar Horten, experto alemán que se quedó a vivir en Córdoba, como persona de consulta para Oreste Berta –uno de los más destacados preparadores de autos de competición de la Argentina– en temas de aerodinámica.

En el nuevo capitalismo global, la transferencia de tecnologías y su apropiación es un proceso que incluye expertos y máquinas, por supuesto, pero, además, como muestra el caso Embraer, implica el desarrollo de las capacidades de gestión de la tecnología y comercialización en mercados competitivos. Aprender del conocimiento que va surgiendo del manejo de la innovación incremental sólo es un paso para saber aprovechar la oportunidad de aprendizaje de una innovación radical. El conocimiento sobre el pasaje del aprendizaje de lo incremental a lo radical en el capitalismo periférico, por supuesto, es otra área de investigación que debería ser cultivada.

Anexos

I. Aspectos relevantes para la investigación

La materia histórica

La investigación que condujo al presente libro buscó incrementar el conocimiento acerca de un hecho histórico de la tecnología que no había sido tratado con el debido cuidado hasta la fecha.

Como tantas otras historias de la Argentina, el proyecto Pulqui II ha caído bajo un pesado manto de olvido. Hoy se recuerda el mito y sólo es rescatado muy sucintamente por algunos autores de temáticas diversas, como, por ejemplo, la historia política de los militares o la historia de la industria aeronáutica, o por partidarios del peronismo o historiadores *amateurs* de la aviación.

En modo alguno el Pulqui II, o algún hecho similar de la historia de la tecnología de la Argentina, es estudiado por la historiografía profesional más que como un epifenómeno de otro tema central, en general político, en particular de la emergencia de los militares como factor de un nuevo poder tanto en la Primera como en la Segunda Guerra Mundial; o bien desde la historia económica, en particular por autores interesados en la evolución de las políticas industriales.[1]

---

[1] Ver, por ejemplo, capítulos II, "Prometeo encadenado: los industriales y el régimen peronista", de Aníbal Jáuregui, y III, "Estado y política industrial durante el primer peronismo (1946-1955)", de Claudio Belini, en Berrotarán, Patricia,

En los pocos casos en que fue abordado por autores reconocidos tanto nacionales como extranjeros, el tema se trató como un episodio del desarrollo de la industria bélica local. Esas aproximaciones fueron parte de un abordaje historiográfico que tenía como eje el desempeño de las Fuerzas Armadas como impulsoras del desarrollo industrial dentro de contextos más amplios, como la era de Perón.[2] No se dio entidad a la problemática de la imposibilidad de la concreción de la producción en serie del aparato, ni a su lugar destacado dentro de la historia de la industria y la tecnología. La hipótesis de la relevancia de la producción bélica para el desarrollo de sectores industriales comercialmente estratégicos no estuvo presente.

El biógrafo del brigadier Juan Ignacio San Martín, Leopoldo Frenkel, trató de una forma un tanto errática la problemática, dedicando el grueso de sus páginas a la defensa de la utilización de técnicos alemanes, una de las aristas polémicas pero menos sustanciales del proyecto Pulqui II (Frenkel, 1992). No obstante, el mérito de este autor radica en poner luz, mediante el recorrido biográfico de San Martín, en el factor crítico que tuvo el desarrollo aeronáutico en el origen de la industria automotriz argentina y el proceso de industrialización en Córdoba, así como en el papel central de San Martín como emprendedor tecnológico en el primer peronismo. Ocuparse de Juan Ignacio San

Jáuregui, Aníbal y Rougier, Marcelo (comps.), 2004, *Sueños de bienestar en la nueva Argentina. Estado y políticas públicas durante el peronismo (1946-1955).*

2 Tal el caso de Robert A. Potash. Si bien casi no hay mención al tema en su clásico *El Ejército y la política en la Argentina (1945-1962)* (1981), sí aparece en el artículo "Las Fuerzas Armadas y la era de Perón", 2002 (en Torre, Juan Carlos, *Nueva historia argentina*, Tomo 8: Los años peronistas). Allí, en el apartado "La Fuerza Aérea: el papel de los ingenieros y pilotos alemanes", Potash trata el episodio con dedicación. Sin embargo, no profundiza sobre la razón de la postergación del proyecto Pulqui II. Este tema queda relegado por la descripción de la forma en que Perón satisfizo las necesidades de reequipamiento de las Fuerzas Armadas.

Martín, quizá uno de los emprendedores tecnológicos argentinos más cuidadosamente olvidado, justifica el esfuerzo realizado.

Debe destacarse que el reconocimiento al Pulqui II como "experiencia de demostración" y a la Fábrica Militar de Aviones como matriz de la industria automovilística argentina también está presente en la obra de Jorge Schvarzer, *La industria que supimos conseguir. Una historia político-social de la industria argentina* (1996).

Entre los pocos autores que tratan el Pulqui II con un mínimo de atención y conocimiento tecnológico se encuentran los historiadores aeronáuticos Ricardo Burzaco y Atilio Marino. Lamentablemente no contextualizan el proceso de desarrollo tecnológico, ni establecen relaciones con los desarrollos aeronáuticos de la época, y terminan en textos netamente descriptivos o festivos y partidarios que no ayudan a explicar el porqué de los acontecimientos relacionados con la problemática de la innovación radical en el capitalismo periférico (Burzaco, 1995 y 1996; Marino, 2000).

En este recorrido por los trabajos que se ocuparon del proyecto Pulqui II debe mencionarse la labor de tres autores europeos: por un lado, la de los biógrafos de Kurt Tank, Wolfgang Wagner (1998) y Heinz Conradis (1960); por otro lado, de la investigadora inglesa Ruth Stanley, que escribió sobre la inmigración de técnicos alemanes a la Argentina y Brasil y su relación con la transferencia de tecnología (Stanley, 2004).

La excelente investigación y el delicado tratamiento que hace Stanley de la materia investigada no alcanza para evaluar la influencia a largo plazo que la intervención de los técnicos e ingenieros de máximo nivel europeos y los administradores e ingenieros argentinos formados durante este período tuvieron en ambientes tecnológicamente pobres como Argentina, Brasil e incluso India y España. Si bien reconoce algunos casos exitosos de transferencia de tecnología, cae en un pesimismo poco justificado respecto de la influencia de los técnicos europeos, cuando hay evidencia de que su intervención fue crítica para la aparición de una industria aeronáutica moderna en el Cono Sur.

La historiografía de la tecnología de la Argentina y América Latina es escasa y de embrionario desarrollo. Si bien se han estudiado los períodos del desarrollo industrial, los enfoques teóricos encuadraron la tecnología dentro de un modelo económico evolucionista del desarrollo dependiente basado en las competencias endógenas, como los modernos estudios sobre los senderos de aprendizaje tecnológico.[3]

En estos estudios, la tecnología fue tratada dentro de las supuestas restricciones propias del capitalismo periférico en términos de acceso a las fronteras del conocimiento tecnológico y a la práctica de las comunidades de tecnólogos, y suponiendo la imposibilidad fáctica de la existencia de la innovación radical. Esto no quiere decir que la estrategia de abordaje de esta escuela de pensamiento no sea productiva dentro del campo de estudio definido; simplemente aquí se observa que excluye un objeto de investigación que eventualmente puede abrir nuevos interrogantes.

También es necesario mencionar la producción reciente de la escuela argentina de sociología de la tecnología liderada por Hernán Thomas.[4]

---

[3] Yoguel, Gabriel, 2000, "Sistemas locales de innovación y el desarrollo de la capacidad innovativa de las firmas: las evidencias del cuasi distrito industrial de Rafaela", en revista *Redes*.

[4] Ver, por ejemplo, Kreimer, Pablo, Thomas, Hernán y otros, 2004, *Producción y uso social de conocimientos. Estudios de la sociología de la ciencia y la tecnología en América Latina.*

El hecho social

Un tratamiento de la historia de la tecnología que se ocupe de la complejidad sociotécnica[5] debe evitar caer en las trampas del pensamiento lineal. La trampa culturalista proviene de las aproximaciones de la historia heroica de la ciencia o de las historias biográficas de emprendedores o historias de los negocios. Son historias que siguen la matriz teórica de los economistas (neoclásicos) que trataron los factores técnicos como exógenos. Por lo tanto, como la tecnología no puede ser integrada como un factor de producción, se la trata como producto externo, proveniente del mundo de la cultura y la educación. Lo cual en sí mismo no está mal, pero deja marginada a la tecnología como un factor no integrado al campo explicativo (Hughes, 1993).

La segunda trampa, la artefactual o técnica, sucede cuando las historias, en el sentido inverso a la trampa anterior, limitaron los sistemas tecnológicos a sus componentes técnicos e identificaron peyorativamente sus problemas de crecimiento y *management* con problemas exclusivamente políticos. Los adherentes a esta tradición se focalizaron en historias de inventores y del cambio tecnológico y de sus artefactos.

Tal como señala Latour (1998), muchos de los análisis de los fenómenos sociales tienen una debilidad

---

[5] La complejidad sociotécnica fue definida por las nuevas corrientes de los estudios sociales de la tecnología con diferentes estilos que dieron resultados teóricos que se solapan, compartiendo conceptos y estrategias de abordaje (Bijker y otros, 1993), como las aproximaciones del constructivismo social, inspirado en los estudios de la sociología del conocimiento científico (Collins y Pinch, 1996; Bijker, 1994), y la historia de la tecnología de Thomas P. Hughes (1983). La moderna teoría de la tecnología provee conceptos que pueden ser usados para la interpretación de la historia de la tecnología: "constructores de sistemas" (*system builders*), de Hughes; "comunidades y estilos tecnológicos" de Edward W. Constant (1980). También los conceptos de la escuela europea "red de actores", de Michel Callon, Bruno Latour, y John Law.

explicativa cuando no introducen el principio simétrico, aquel que reconoce en los elementos no humanos de las relaciones sociales, tales como innovaciones y tecnologías, una equivalencia epistémica con los actores sociales. Por lo cual, tecnologías y actores sociales, e incluso comunidades y organizaciones son partes de un conjunto de relaciones sociales en donde no se distinguen, a efectos de la capacidad explicativa, elementos humanos de no humanos.

> Las innovaciones nos enseñan que nunca trabajamos en un mundo lleno de actores a los que se puede atribuir contornos fijos. [...] Las transformaciones experimentadas por los actores son de crucial importancia para nosotros cuando seguimos las innovaciones porque revelan que el actor unificado (aquel que está integrado con alguna tecnología) es en sí mismo una asociación compuesta de elementos que pueden ser redistribuidos. (Latour, 1998.)

Esta fórmula, que tiene el objetivo de evitar la caída tanto en el tecnologismo como en el culturalismo, pone en evidencia debilidades de los pensamientos tradicionales sobre la tecnología y elabora los anticuerpos necesarios para fortalecer el pensamiento social, haciendo consciente que

> nunca nos enfrentamos a objetos o relaciones sociales, nos enfrentamos a cadenas que son asociaciones de humanos (H) y no humanos (NH). Nadie ha visto una relación en sí misma (si no es la impotencia del hombre, como señaló McLuhan, desprovisto de sus extensiones tecnológico-sociales) ni una relación técnica (el sin sentido de los objetos sociales inanimados).

> En lugar de esto, siempre estamos frente a cadenas que se parecen a esto: H-NH-H-NH-NH-NH-H-H-H-H-NH. [...] Una unión H-H-H se parece a las relaciones sociales mientras que la porción NH-NH-NH se parece a un mecanismo o a una máquina, pero la cuestión es que tanto una como otra siempre están integradas en cadenas más largas". (Latour, 1998.)

Siguiendo al historiador y sociólogo de la tecnología Edward W. Constant, la intención del presente trabajo ha sido estudiar el "espacio social de la práctica tecnológica", entendido éste como la intersección de tres órdenes de agregación colectiva: el modelo comunitario del conocimiento tecnológico trabajado por el mismo Constant, el modelo sistémico de desarrollo tecnológico del gran historiador norteamericano Thomas Parke Hughes y el modelo organizacional elaborado por los historiadores clásicos de la economía Alfred Chandler y Nathan Rosenberg (Constant, 1993).

No es sino conectando las comunidades de práctica de tecnología, los sistemas tecnológicos involucrados y las organizaciones que los ponen en funcionamiento que podemos avanzar sobre la frontera del conocimiento de la sociología y la historia de la tecnología.

En cada uno de estos lugares, la simetría formal da lugar a diferentes formas particulares. Los sistemas tecnológicos son producto de la construcción social y, a la vez, estos sistemas son formadores de la sociedad, ordenan la totalidad mediante un modelo de evolución.

Las comunidades de práctica tecnológica de Constant, al ubicar en el centro al conocimiento y la práctica, ponen de relieve la dinámica tecnológica del cambio social que implica la innovación radical.

En esta investigación sobre el Pulqui II, el análisis ha sido abordado desde la perspectiva del principio de simetría en los espacios sociales donde la tecnología tomó lugar: las organizaciones, el sistema tecnológico y las comunidades de práctica tecnológica.

Organización

La organización es la unidad de análisis básica de esta investigación. La dimensión organizacional en sus dos aspectos, de proyecto tecnológico y de organización industrial de la producción, son lugares donde se realiza el estilo tecnológico de los sistemas y de las comunidades. Es la "última milla" de la construcción de la práctica y, como tal, terreno en donde se establece el núcleo de la comunidad tecnológica. Los sistemas y las comunidades evolucionan y colisionan en el espacio de las organizaciones primero y en la sociedad después.

Por lo general, se ha insistido en estudiar el avance y la actualización tecnológica en estas latitudes como una evolución endógena de adquisición de competencias. En este libro se intenta utilizar la organización como construcción teórica en otro sentido: como espacio social en donde se ponen a prueba diversas aproximaciones a la innovación, dependiendo de los momentos e hitos en el aprendizaje. Se trata de pensar cómo interactúan los cambios tecnológicos radicales con la evolución de las organizaciones industriales en contextos periféricos.

La limitación de pensar los avances tecnológicos radicales en contextos periféricos no estuvo dada porque la realidad así lo indicó, ni por las evidencias de investigación alguna, sino por la ausencia del esfuerzo inquisitivo y la conformidad sobre los supuestos del funcionamiento del capitalismo periférico, pero también, y fundamentalmente, por dejar de lado determinados períodos de la historia de las empresas industriales. Un período como el peronista, en el cual se hicieron ingenuos intentos de independencia económica basados en la experiencia acumulada.

Si bien estos intentos políticos y organizacionales de hacer pie en las fronteras del conocimiento tecnológico, como el Pulqui II, no fueron fructíferos en el largo plazo, sí abrieron el juego a nuevas actividades industriales más maduras pero nunca practicadas con anterioridad, como la industria automotriz o la fabricación de aviones turbopropulsados. Demostraron que la innovación radical no es un hecho privativo de las economías desarrolladas y que forma parte del juego del aprendizaje de la innovación como un todo, radical e incremental. Su estudio nos acerca al conocimiento de la cultura tecnológica local, sus diferentes estilos, y puede eventualmente develar que detrás de los fracasos se construyen éxitos consistentes. Siguiendo la trayectoria tecnológica y reconstruyendo la permutación de actores y artefactos es posible establecer continuidades antes ocultas detrás del caos de la inestabilidad política y económica.

Sistema tecnológico

Si se penetra la existencia legal y permanente de las organizaciones es posible encontrarse detrás de ellas con dos dimensiones, quizá más abstractas y seguro menos concretas, como los sistemas y las comunidades. Ambas son menos evidentes a los ojos del observador y su permanencia es sólo visible para aquellos entendidos en el mundo esotérico de la tecnología.

Un sistema tecnológico, según Hughes, que forma sociedad y que es moldeado por ella, está compuesto por componentes materiales y componentes sociales. En este caso, el sistema tecnológico de la aeronáutica, dispone de los artefactos físicos, como aviones, con sus partes, alas y motores, que se articulan con organizaciones (empresas, ministerios, fuerzas armadas), conocimientos (mecánica, aerodinámica, insertos en libros, artículos, documentos clasificados, programas universitarios de investigación y enseñanza) y artefactos legislativos: leyes regulatorias, normas de procedimiento y códigos de conducta.

Todos los artefactos físicos y simbólicos funcionan como componentes de un sistema que contribuyen a la meta común: la construcción y operación de aviones. Si algún componente es retirado del sistema o si cambian sus características, los otros componentes del sistema serán afectados.

En un sistema tecnológico está implicada la noción de jerarquía, por lo tanto, muchas tecnologías constituyen sistemas complejos con múltiples niveles de un continuo que va desde lo más concreto a lo más intangible. En los niveles menores, los sistemas se pueden reducir a *hardware* o artefactos como, por ejemplo, en el caso de los motores *turbojet*. En esos niveles de los sistemas complejos, a simple vista la intervención humana parece superflua. Sin embargo, aun cuando los sistemas tecnológicos modernos son invariablemente sociotécnicos y organizacionales con un componente de *software* significativo, sus piezas están cada vez menos conectadas mecánicamente y más mediante sistemas con intervención inteligente de sistemas electrónicos y de humanos. Por ejemplo, un sistema de transporte aéreo incluye aviones, aeropuertos, talleres, sistemas de control aéreo, accesos, etcétera (Hughes, 1993).

El sistema tecnológico del avión *jet* en la periferia capitalista sufrió durante décadas la permanente búsqueda de la elección de la tecnología adecuada. La dimensión temporal de este concepto adquiere mayor discontinuidad en la periferia. El tema del despliegue de los sistemas tecnológicos, la competencia entre ellos y su dimensión temporal en el espacio social periférico es motivo de atención en este trabajo.

Comunidad

El modelo comunitario intenta comprender la dinámica de la producción y circulación del conocimiento tecnológico. Las comunidades de tecnólogos generan su conocimiento mediante la práctica. La práctica es el conjunto de ideas, creencias y métodos que los tecnólogos usan para resolver problemas. Debido a su permanente actualización, muchas veces la práctica desactualiza teorías. Las teorías acumulan, formalizan y demuestran el conocimiento generado en la práctica. Las comunidades de practicantes cultivan sus tradiciones. Con el tiempo, las tradiciones se convierten en sus activos, su capital simbólico (Bourdieu, 2005).

La pertenencia a la comunidad de práctica tecnológica no tiene el mismo sentido de compromiso disciplinario que la pertenencia a un campo científico. El diseño de motores *turbojet* utiliza principios e involucra a practicantes de diversos campos que combinan sus habilidades y conocimientos, y sintetizan conocimientos diversos como los campos de la aerodinámica, la ingeniería mecánica, la ingeniería en combustión, la metalurgia, entre otros. Lo que distingue al diseñador de motores *turbojet* es su adhesión a una tradición de práctica, no al entrenamiento disciplinario y teórico.

Las comunidades son estructuras sociales intermedias entre el individuo y las organizaciones. Pueden estar constituidas por individuos y por organizaciones. Las organizaciones habitualmente se aglutinan como sector industrial, se trata de expresar la práctica en un nivel más agregado.

La práctica normal de las comunidades trata de la extensión y la articulación del conocimiento, del desarrollo incremental de una tradición recibida. Los problemas de desarrollo de una tradición de práctica tecnológica aparecen como problemas funcionales, la incapacidad de funcionar en condiciones nuevas o más exigentes. En términos dinámicos, la falla percibida se relaciona con la mejora del rendimiento o la reducción de la trayectoria de costos o incertidumbre (Constant, 1993).

Cuando un problema de una tecnología normal no puede ser corregido en el contexto de sistema existente, el problema se vuelve radical, y la solución puede traer un sistema nuevo y competitivo. Edward Constant investigó la emergencia de un nuevo sistema aeronáutico basado en el motor *jet* desde un sistemas tecnológico establecido de la aeronáutica del pistón en el cual se identificó una "anomalía presunta" (*presumptive anomaly*). Constant estableció que las "anomalías presuntas" ocurren cuando los supuestos derivados de teorías científicas nuevas indican que "bajo determinadas condiciones futuras el sistema convencional puede fallar o funcionar mal o que un sistema radicalmente diferente va a trabajar mucho mejor" (Constant, 1980).

Un ejemplo notable de "anomalía presunta", según la investigación de Constant, emergió a fines de 1920 cuando descubrimientos de la aerodinámica indicaron que el sistema hélice-motor a pistón convencional no funcionaría a velocidades cercanas a la del sonido. Los inventores Frank Whittle, Hans von Ohain, Herbert Wagner y Helmut Schelp respondieron con el motor *turbojet*. Los primeros tres trabajaban de manera independiente cuando concibieron la nueva máquina, no realizaban la investigación tecnológica en nombre de ninguna institución y la invención se originó en la iniciativa personal. Fueron precursores de nuevas prácticas y comunidades tecnológicas.

Estos cambios radicales en la tecnología del motor aeronáutico provocaron el surgimiento de nuevos problemas debido a las velocidades transónicas que los motores *jet* permitían. Nuevos problemas engendraron a su vez a nuevas comunidades tecnológicas, las que tuvieron que enfrentar los cambios radicales en la tecnología de la célula (estructura del fuselaje) y de las alas en V del avión *jet*.

Nuestra investigación se dedicó al estudio de la interacción de las comunidades de tecnólogos en el proyecto Pulqui II, uno de los procesos de desarrollo llevados a cabo en la Fábrica Militar de Aviones, que intentó tomar parte en el avance del sistema tecnológico de la aviación a chorro (*jet*).

II. Complemento gráfico

Brigadier Juan Ignacio San Martín (1904-1966). *Fuente: Frenkel, 1992*

En tiempos de una nueva era del capitalismo, de una sociedad cada vez más encarnada por la tecnología, en la era de la información y el conocimiento, es perentorio poner la mirada en las aventuras de las industrias imposibles, sacar provecho de historias fallidas en donde las distancias entre actores y tecnologías eran mayores a las actuales, y lo que es más importante, recordar a nuestros héroes industriales olvidados y, de esa forma, sabernos capaces de estar hoy a la altura de los tiempos.

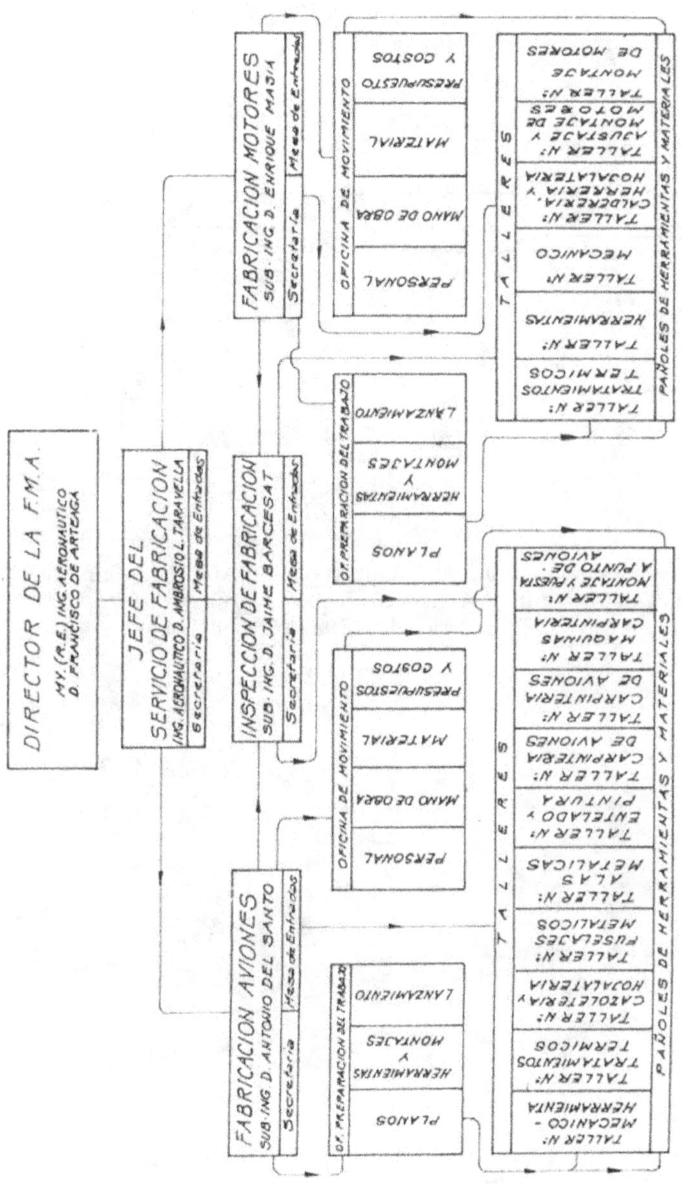

Organigrama de la Fábrica Militar de Aviones para el año 1928 (organización inicial del "servicio de fabricación"). *Fuente: Dirección Nacional de Fabricaciones e Investigaciones Aeronáuticas*

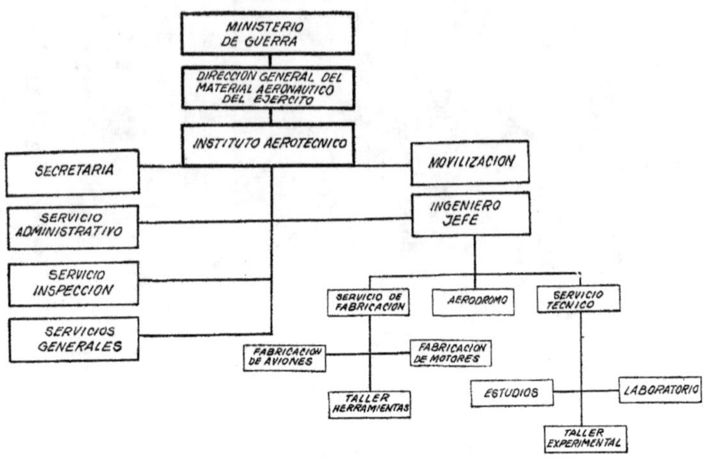

Organigrama del Instituto Aeronáutico para el Año 1943. Primera Carta Orgánica del Instituto Aerotécnico. *Fuente: Fuerza Aérea Argentina. Área Material Córdoba, Libro Histórico Años 1923 a 1967*

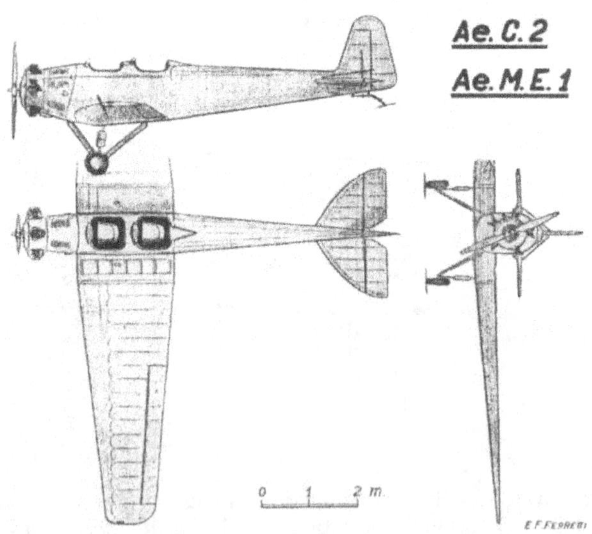

Plano del Ae. C.2, *Tenga Confianza. Fuente: Ferreti y Giró, 1962*

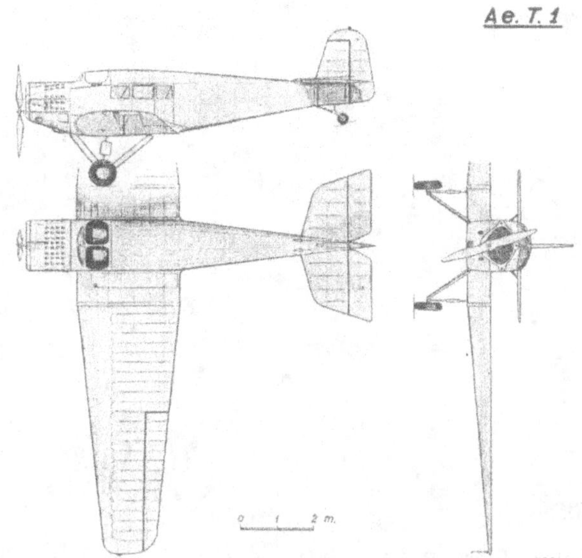

Plano esquemático del Ae. T.1, primer avión de transporte fabricado en la Fábrica Militar de Aviones. *Fuente: Ferreti y Giró, 1962*

Avión de entrenamiento I. Ae. DL 22. *Foto tomada en el Museo Nacional de Aeronáutica (año 2004), Morón, provincia de Buenos, Argentina*

Hangar de montaje de la serie I. Ae. 22 DL. *Fuente: Frenkel, 1992*

Vista aérea del túnel de viento subsónico del Instituto Aerotécnico. *Fuente: Revista Nacional de Aeronáutica, año XXII, n° 241, junio de 1962*

I. Ae. 24 Calquín, primer bimotor diseñado y construido enteramente en la Argentina. *Fuente: Frenkel, 1992*

Hangar de armado de "Calquines". *Fuente: Frenkel, 1992*

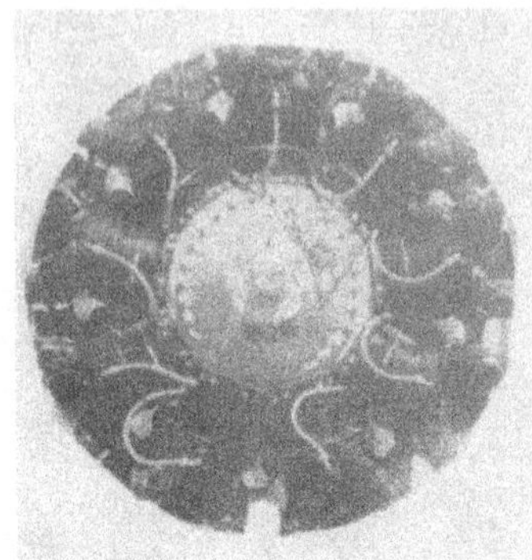

I. Ae. 17 El Gaucho, motor radial de nueve cilindros y potencia máxima de 450 hp. *Fuente: Frenkel, 1992*

El Indio, motor radial sobrealimentado de 9 cilindros y 650 hp. *Fuente: Frenkel, 1992*

Pulqui, renombrado luego, por la aparición del Pulqui II, como Pulqui I. *Foto tomada en el Museo Nacional de Aeronáutica (año 2004), Morón, provincia de Buenos, Argentina*

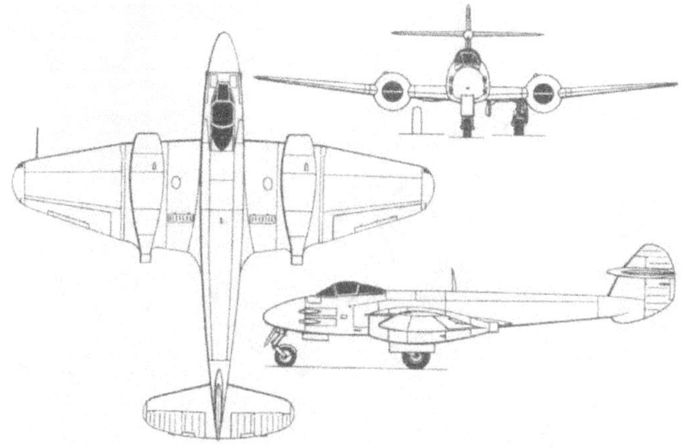

Caza inglés Gloster Meteor F.Mk 3. *Fuente: Enciclopedia de la Aviación, 1982*

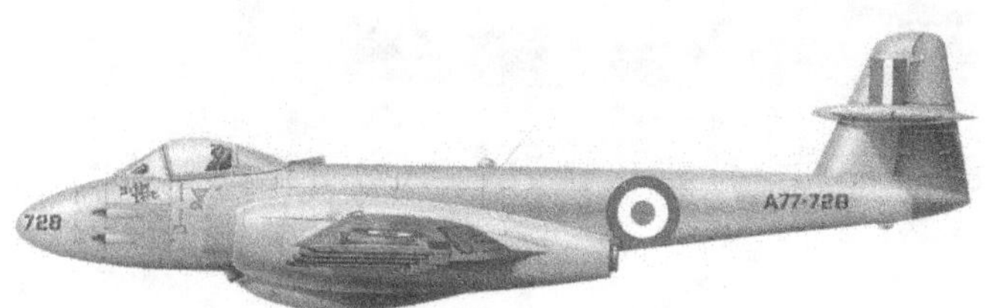

Caza inglés Gloster Meteor F.Mk 8. *Fuente: Enciclopedia de la Aviación, 1982*

Caza sueco Saab 29. *Fuente: Enciclopedia de la Aviación, 1982*

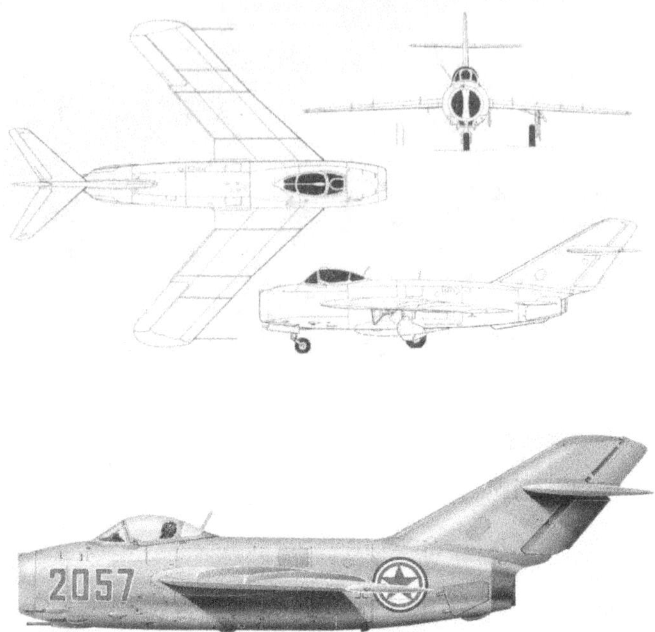

Caza soviético MiG-15. Fuente: *Enciclopedia de la Aviación*, 1982

Kurt Tank. *Fuente: Wagner, 1998*

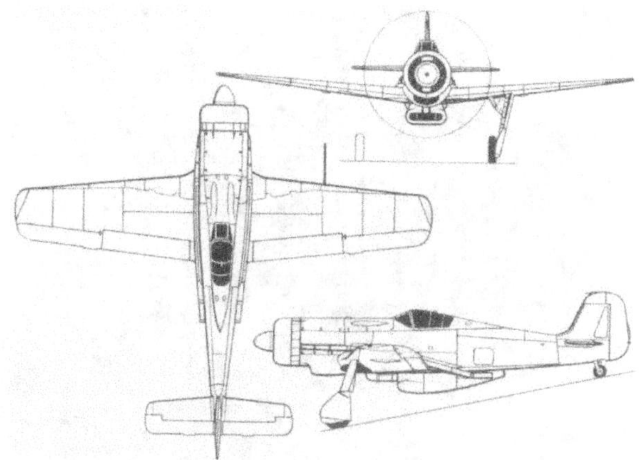

Focke-Wulf Fw 190C. *Fuente: Enciclopedia de la Aviación, 1982*

Fotografía de la maqueta original del diseño argentino de Morchio y Ricciardi del I.Ae. 27a Pulqui II. *Fuente: Dirección de Estudios Históricos de la Fuerza Aérea Argentina*

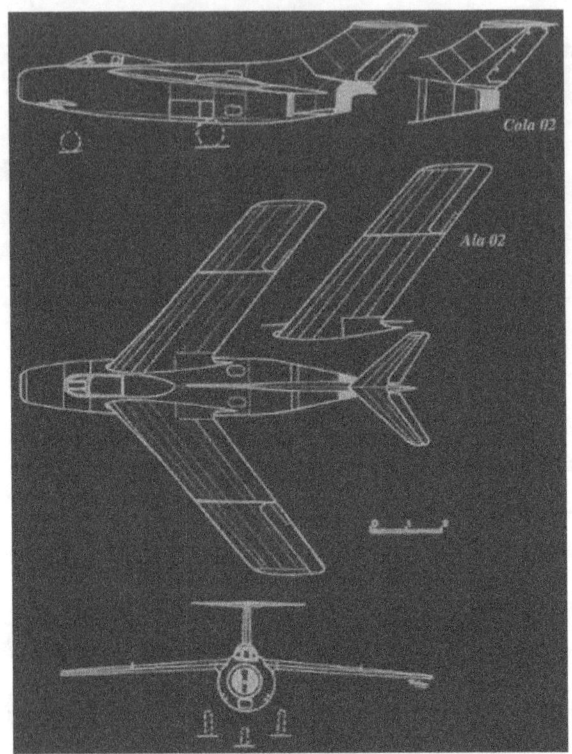

IA-33, primer diseño. *Elaboración propia en base al Plano publicado en http://fdra.blogspot.com.ar/2010/08/aviones-el-primo-del-pulqui-ii.html*

Planeador del proyecto Pulqui II. *Fuente: archivo del ingeniero Enrique Corti*

Primer prototipo del Pulqui II. *Fuente: Frenkel, 1992*

El Pulqui II. *Foto tomada en el Museo Nacional de Aeronáutica (año 2004), Morón, provincia de Buenos, Argentina*

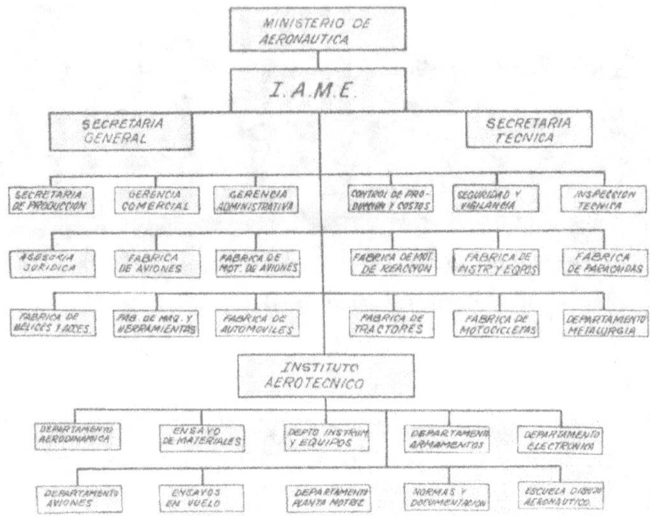

Organigrama de Industrias Aeronáuticas y Mecánicas del Estado (IAME) para el Año 1953. *Fuente: Fuerza Aérea Argentina, Área Material Córdoba, Libro histórico años 1923 a 1967*

Torino 380W de James McCloud, en Oakland, California, Estados Unidos.

Maqueta del Pulqui II instalada frente al Departamento de Aeronáutica, Facultad de Ingeniería, Universidad Nacional de La Plata. Realizada por la Escuela de Aeromodelismo de La Plata y la colaboración del Centro de Formación Profesional 421, UOM Seccional La Plata (diciembre de 2013). *Foto: Ariel Ribetto*

Referencias bibliográficas

Adler, Emanuel, 1987, *The power of ideology: the quest for technological autonomy in Argentina and Brazil*, Berkeley: UCLA Press.

Bernardes, Roberto, 2000a, *Embraer. Elos entre Estado e mercado*, SãoPaulo: Hucitec.

——, 2000b, *O caso Embraer: privatização e transformação da gestão empresarial: dos imperativos tecnológicos à focalização no mercado*, SãoPaulo: CYTED: PGT/USP.

Bijker, Wiebe, 1994, *Of bicycles, bakelites, and bulbs. Toward a theory of sociotechnical change*, Cambridge y Londres: MIT Press.

Bijker, Wiebe, Hughes, Thomas P. y Pinch, Trevor E., 1993, *The social construction of technological systems. New directions in the sociology and history of technology*, Cambridge: MIT Press.

Bourdieu, Pierre, 2005, *Outline of a theory of practice*, Cambridge: Cambridge University Press.

Burzaco, Ricardo, 1995, *Las alas de Perón*, Buenos Aires: Da Vinci.

—— 1996, "El IAe-33 Pulqui II. La primer oportunidad perdida", en *Aeroespacio*.

Callon, Michel, 1986. "The sociology of an actor-network: the case of the electric vehicle", en Callon, M., Law, J. y Rip, A. (eds.), *Mapping the dynamics of science and technology*, Londres: Macmillan Press.

Collins, Harry y Pinch, Trevor, 1996, *El gólem. Lo que todos deberíamos saber acerca de la ciencia*, Madrid: Crítica.

Conradis, Heinz, 1960, *Design for flight. The Kurt Tank story*, Londres: McDonald.

Constant, Edward W., 1980, *The origins of the turbojet revolution*, Baltimore: Johns Hopkins University Press.

——, 1993 [1987], "The social locus of technological practice: community, system, or organizations?", en Bijker, Wiebe y otros.

Echagüe, Selva, 1999, *Savio, acero para la industria*, Buenos Aires: Secretaria de Cultura de la Nación.

Evans, Peter, 1995, *Embedded autonomy: states and industrial transformation*, Princeton: Princeton University Press.

Ferreti, Eduardo y Giró, Federico, 1962, "Dos décadas de producción de la Fábrica Militar de Aviones", en *Revista Nacional de Aeronáutica*, junio-julio.

Fiszbein, Martín, 2010, "Instituciones e ideas en desarrollo. La planificación económica en la Argentina, 1945-1975", en *Estudios sobre la industria argentina*, Buenos Aires: Lenguaje claro Editora.

Frenkel, Leopoldo, 1992, *José Ignacio San Martín*, Buenos Aires: edición del autor.

Gerchunoff, Pablo y Antúnez, Damián, 2002, "De la bonanza peronista a la crisis de desarrollo", en Torre, Juan Carlos (director del tomo), *Nueva historia argentina, Tomo 8: Los años peronistas*, Buenos Aires: Sudamericana.

Ghemawat, Pankaj, Herrero, Gustavo A. y Monteiro, Luis Felipe (2000), "Embraer: the global leader in regional jets", Harvard Business School working papers (# 9-701-006).

Goldstein, Andrea, 2001, "From national champion to global player: explaining the success of Embraer", University of Oxford, Centre for Brazilian Studies, Working Paper CBS-17-2001.

Hagood, Jonathan, 2006, "Why does technology transfer fail? Two technology transfer projects from Peronist Argentina", en *Comparative Technology Transfer and Society*, n° 4, vol. 1.

Hughes, Thomas P., 1983, *Networks of power. Electrification in western society, 1880-1930*, Baltimore: John Hopkins University Press.

——, 1993 [1987], "The evolution of large technological systems", en Bijker, Wiebe y otros.

Katz, Jorge, 2007, "Cambios estructurales y ciclos de destrucción y creación de capacidades productivas y tecnológicas en América Latina", en *Globelics*, Working Paper Series, n° 2007-06.

Khanna, Tarun y Palepu, Krishna G., 2005, "Emerging giants: building world-class companies in emerging markets", Note 9-703-431, Boston: Harvard Business School Publishing.

Kosacoff, Bernardo, 2010, "Marchas y contramarchas de la industria argentina", en *Boletín Informativo Techint*, n° 330.

Latour, Bruno, 1998, "La tecnología es la sociedad hecha para que dure", en Domenech, Miquel y Tirado, Francisco Javier, *Sociología simétrica. Ensayos sobre ciencia, tecnología y sociedad*, Buenos Aires: Gedisa.

Law, John y Michel, Callon, 1992, "The life and death of an aircraft: a network analysis of technical change", en Bijker, Wiebe y Law, John (eds.), *Shaping Technology/Building Society: Studies in Sociotechnical Change*, Cambridge: The MIT Press.

Luna, Félix, 2000, *Perón y su tiempo*, Buenos Aires: Sudamericana.

Mac Donald, Norbert, 1988, "Henry J. Kaiser and the establishment of an automobile industry in Argentina", en *Business History*, n° 3, vol. 30.

Marino, Atilio, 2000, "A 50 años del Pulqui II", en *Aeroespacio*, n° 59.

Mariscotti, Mario, 1985, *El secreto atómico de Huemul*, Buenos Aires: Sudamericana/Planeta.

McCraw, Thomas, 2006, "Schumpeter's Business Cycles as Business History", en *Business History Review*, n° 80.

Morchio, Norberto L. y Ricciardi, Humberto J., 1999, *Proceso de Diseño del Pulqui I. Anteproyecto del Pulqui II*, Córdoba: Asociación Amigos del Museo de la Industria.

Myhra, David, 1999a, *Focke-Wulf Ta-183*, Atglen: Schiffer.

——, 1999b, *Horten Ho 9: A Photo History*, Atglen: Schiffer.

Page, Joseph, 1999, *Perón. Una biografía*, Buenos Aires: Grijalbo.

Paradiso, José, 2002, "Vicisitudes de una política exterior independiente", en Torre, Juan Carlos (director del tomo), *Nueva historia argentina, Tomo 8: Los años peronistas*, Buenos Aires: Sudamericana.

Potash, Robert A., 2002, *"Las Fuerzas Armadas y la era de Perón", en* Torre, Juan Carlos (director del tomo), *Nueva historia argentina, Tomo 8: Los años peronistas*, Buenos Aires: Sudamericana.

Potash, Robert A. y Celso Rodríguez, 1999, *"El empleo en el Ejército argentino de nazis y otros científicos y técnicos extranjeros, 1943-1955"*, en *Estudios Migratorios Latinoamericanos*, año 14, n° 43.

Raccanello, Mario, 2010, "Del Segundo Plan Quinquenal a la Convertibilidad: la industria del tractor frente a los cambios estructurales de la economía", en *Estudios sobre la industria argentina*, Buenos Aires: Lenguaje claro Editora.

Roe Smith, Merritt y Marx, Leo, 1994, *Does technology drive history? The dilemma of technological determinism*, Cambridge: MIT Press.

Silva, Ozires, 1998, *A decolagem de um sonho. A historia da criacao da Embraer*, SãoPaulo, Lemos.

——, 2005, *Cartas a um jovem empreendedor*, Campus.

Stanley, Ruth, 2004, "Transferencia de tecnología a través de la migración científica: ingenieros alemanes en la industria militar de Argentina y Brasil (1947-1963)", en *Revista Iberoamericana de Ciencia, Tecnología y Sociedad*, n° 2, vol. 1.

Taravella, Ambrosio, 1982, *Setenta años de servicios aeronáuticos. Historia ilustrada*, Buenos Aires: Presidencia de la Nación, Ediciones Culturales Argentinas.

Torre, Juan Carlos, 2002, "Introduccón a los años peronistas", en Torre, Juan Carlos (director del tomo), *Nueva historia argentina, Tomo 8: Los años peronistas*, Buenos Aires: Sudamericana.

Wagner, Wolfgang, 1998, *The history of German aviation. Kurt Tank: Focke-Wulf's designer and test pilot*, Atglen: Schiffer.

Combate aéreo, óleo de Daniel Santoro, 2005.